U0113389

本书为国家社会科学基金项目（项目编号：BIA160100）和陕西省软科学研究计划项目（项目编号：2016KRM003）的研究成果

本书为国家社会科学基金项目（项目编号：BIA160100）和
陕西省软科学研究计划项目（项目编号：2016KRM003）的研究成果

中国
与"一带一路"沿线国家
油气资源合作风险研究

○ 郭霄鹏　著

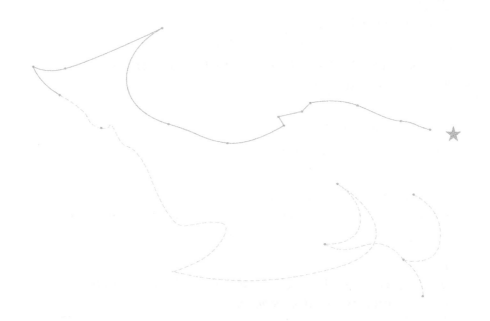

光明日报出版社

图书在版编目（CIP）数据

中国与"一带一路"沿线国家油气资源合作风险研究 /
郭霄鹏著 . -- 北京：光明日报出版社，2021.12

ISBN 978 - 7 - 5194 - 5926 - 0

Ⅰ . ①中… Ⅱ .①郭… Ⅲ . ① "一带一路" – 油气资

源 – 国际合作 – 风险分析 – 中国 Ⅳ .①F426.22

中国版本图书馆 CIP 数据核字（2021）第 270781 号

中国与"一带一路"沿线国家油气资源合作风险研究

ZHONGGUO YU "YIDAIYILU" YANXIAN GUOJIA YOUQI ZIYUAN HEZUO FENGXIAN YANJIU

著　　者：郭霄鹏

责任编辑：黄　莺　　　　　责任校对：蔡晓亮

封面设计：小宝工作室　　　责任印制：曹　净

出版发行：光明日报出版社

地　　址：北京市西城区永安路 106 号，100050

电　　话：010 - 63169890（咨询），010 - 63131930（邮购）

传　　真：010 - 63131930

网　　址：http：//book. gmw. cn

E - mail：gmrbcbs@ gmw. cn

法律顾问：北京市兰台律师事务所龚柳方律师

印　　刷：北京建宏印刷有限公司

装　　订：北京建宏印刷有限公司

本书如有破损、缺页、装订错误，请与本社联系调换，电话：010 - 63131930

开　　本：170mm×240mm

字　　数：250 千字　　　　　印　张：13

版　　次：2021 年 12 月第 1 版　　印　次：2021 年 12 月第 1 次印刷

书　　号：ISBN 978 - 7 - 5194 - 5926 - 0

定　　价：68.00 元

前　言

　　石油和天然气作为重要的能源，对于推动中国经济长期、稳定发展起着不可或缺的作用。由于自然禀赋以及勘探、开采技术的限制，中国的油气资源探明储量和开采量无法满足自身需求，油气资源的国际合作成为保障中国能源安全的突破点。"一带一路"倡议的实施，带来了中国油气等战略资源合作重心的转移。但是"一带一路"沿线国家经济发展不均衡，政治生态、民族、宗教等问题复杂多变，恐怖主义事件频发，以及油气资源储量存在巨大差异，这些情况都给中国政府和相关企业与"一带一路"沿线国家开展油气资源合作带来了一定程度的风险。为此，有必要深入研究中国与"一带一路"沿线国家在油气资源领域的合作问题，识别油气资源合作过程中可能面临的各种风险因素。本书在对国内外相关研究现状进行系统综述的基础上，系统识别中国与"一带一路"沿线国家油气资源合作风险因素，构建油气资源合作风险评价指标体系和评价模型，对与中国有油气资源合作业务的"一带一路"沿线国家作出了全面、系统的分析与评价，划分出了合作风险级别，并且提出了规避风险的应对方案。本书的主要内容包括：

　　（1）系统识别中国与"一带一路"沿线国家油气资源合作风险因素

　　在对中国与"一带一路"沿线国家油气资源合作现状进行系统分析的基础上，从政治风险、经济风险、社会安全风险和资源环境与技术风险 4 大类合作风险方面，识别出了中国与 28 个"一带一路"沿线国家油气资源合作的风险因素，并对其进行了分析与评价。同时，分析并提出中国与"一带一路"沿线国家油气资源合作风险产生的原因，主要包括 6 个方面："一带一路"沿线国家政权的不平稳更迭；"一带一路"沿线国家武装冲突、战争造成的创伤；"一带一路"沿线国家民族、宗教极端势力的威胁；"一带一路"沿线国家油田化学品开发和应用技术的相对落后；中国油气资源企业国际化运营能力的不足；国际社会上环境保护的压力。

（2）构建中国与"一带一路"沿线国家油气资源合作风险评价指标体系

依据（1）中风险因素识别结果，按照目标导向性、系统性、独立性、重点性和可行性的原则，构建了包括政治风险、经济风险、社会安全风险和资源环境与技术风险的4个一级合作风险评价指标体系。为了提高对中国与"一带一路"沿线国家油气资源合作风险评价的全面性和准确性，把政治风险分解成政治互信、清廉程度、双边文件、战争风险和政治稳定5个二级评价指标，把经济风险分解为金融实力、经济增长、经济波动、债务风险、通货膨胀、营商环境和贸易开放7个二级评价指标，把社会安全风险分解为人文发展、恐怖主义和社会治安3个二级评价指标，把资源环境与技术风险分解为基础设施、油气储量和油气产量3个二级评价指标。

（3）构建中国与"一带一路"沿线国家油气资源合作风险评价及分类模型

依据（2）中的合作风险评价指标体系，首先构建了改进熵的TOPSIS的合作风险综合评价模型。该模型通过计算出样本的理想值接近度系数的大小，对"一带一路"沿线国家油气资源合作风险做出排序；然后构建了层次式聚类分析方法的合作风险分类模型，据此模型可以将"一带一路"沿线国家划分成相应的风险类别；最后构建了相应分析方法的合作风险分类评价模型，可以有效分析各类合作风险评价指标对"一带一路"沿线国家的影响程度。

（4）实证分析中国与"一带一路"沿线国家油气资源合作风险

运用改进熵的TOPSIS的合作风险综合评价模型，评价了28个与中国开展油气资源合作的"一带一路"沿线国家的风险，得出了合作风险的综合排名，其中阿富汗风险最高、新加坡风险最低。运用层次式聚类分析方法的合作风险分类模型，计算得出了28个"一带一路"沿线国家油气资源合作风险类别。运用相应分析方法的合作风险分类评价模型，进一步分析了不同风险类别中的国家受到相关合作风险评价指标的影响程度，并对影响程度做了排序。在此基础上，按照油气资源合作风险的等级，结合中国政府和企业与"一带一路"沿线国家开展油气资源合作的实际案例及合作风险评价指标，对 28 个"一带一路"沿线国家的油气资源合作风险依次进行了实证分析。

（5）提出中国与"一带一路"沿线国家油气资源合作风险防控对策

综合 28 个"一带一路"沿线国家的油气资源合作风险评价，从宏观到微观，从政府到企业，提出了中国与"一带一路"沿线国家油气资源合作风险防控对策：第一，强化政府油气资源国际合作保障能力；第二，加强油气资源国际合作外交及对外影响力；第三，提升油气资源企业核心竞争力；第四，增强油气资源国际合作科技创新能力；第五，构建高效多样化的油气资源国际合作安保体系；第六，加强油气资源国际合作风险评价体系建设。

希望本书能够成为引玉之砖，期待有更多专家学者关注中国与"一带一路"沿线国家油气资源合作风险问题，也期待本书能够为政府和油气资源企业与"一带一路"沿线国家开展油气资源合作提供决策参考。

目　录

第1章 绪 论

1.1 研究背景与研究意义

1.1.1 研究背景

石油和天然气作为重要的工业能源，既是工业生产的原材料，又是保证工业生产和民众生活的主要能源，是推动世界经济发展的主要动力来源。中国作为世界第二大经济体，随着经济的进一步发展和工业化进程的进一步加快，在经济发展进程中，对石油、天然气等能源的需求逐年增大。有关数据显示，近年来中国对油气资源的消费量增长迅速。2017年，中国石油消费量高达6亿吨，但是中国的石油产量只有1.95亿吨，有4.05亿吨的石油缺口需要进口，石油对外依存度高达67.5%。2017年，中国的天然气消费量为2404亿立方米，而中国的天然气产量仅为1492亿立方米，天然气缺口为912亿立方米，天然气的对外依存度为37.9%。[1]这种严重依赖国外进口油气资源的态势，伴随着中国经济的进一步发展，将会持续下去。由此可见，中国国内的油气资源无法有效保障国家经济建设，急需国外更多的油气资源来填补中国巨大的市场需求。

在油气资源严重依赖进口、油气资源对外依存度持续走高的背景下，中国的油气资源安全问题显得越发突出与重要，这不仅影响着中国经济的持续健康发展，也会给中国社会的持续、安全、稳定发展，乃至国家整体安全带来极大隐患。如何在国际能源格局中获得竞争优势，为中国经济社会发展提供充足的能源保障，确保中国油气资源等能源安全，已成为中国国家安全战略中必须高度重视的问题。在经济全球化逐步加深的今天，任何一个国家都没有能力独立解决本国的能源安全问题。中国面对日益严峻的油气资源安全形势、生态环境以及经济转型升级的压力，必须大力推动油气资源国际合作，实现能源领域的可持续发展，为中国经济社会发展提供新动力。

自从 2013 年"一带一路"倡议提出以来，中国逐年深化与"一带一路"沿线国家的交流与合作，为中国油气资源供求不均衡的矛盾提出了解决方案。"一带一路"沿线国家油气资源蕴藏丰富，除了中国之外，其他 64 个"一带一路"沿线国家的石油资源已发现可开采总量为 2036.4 亿吨，占全球石油可开采资源量的 66%。[2] 截至 2017 年年底，全世界石油探明储量排名前七位的国家中，"一带一路"沿线国家有 5 个（沙特阿拉伯、伊朗、伊拉克、俄罗斯和科威特）。"一带一路"沿线国家的天然气资源已发现可开采总量为 204.2 万亿立方米，占全球天然气可开采资源量的 65.5%。[2] 2017 年，全世界天然气探明储量排名前七位的国家中，"一带一路"沿线国家有 5 个，即伊朗、俄罗斯、卡塔尔、沙特阿拉伯和阿联酋。同时，油气资源在"一带一路"沿线国家分布并不均衡，石油资源主要分布在俄罗斯、西亚和中亚地区，天然气资源主要分布在俄罗斯、西亚、中亚和东南亚地区。2017 年，中国石油进口主要集中在西亚、独联体国家和西非的国家与地区，进口量排名前十位的国家中有 8 个为"一带一路"沿线国家。在中国石油进口结构中，来自"一带一路"沿线国家的进口量占比超过 80%。中国天然气进口主要集中在东南亚和中亚的国家与地区，其中在液化天然气主要进口国家中，来自"一带一路"沿线国家的有卡塔尔、马来西亚和印度尼西亚等国，进口量占中国进口总量的 39%。管道天然气全部来自"一带一路"沿线的土库曼斯坦、乌兹别克斯坦、缅甸和哈萨克斯坦 4 国。[2]

尽管"一带一路"沿线国家逐渐成为中国油气资源的重要合作伙伴，但是由于"一带一路"沿线国家的政治生态、经济发展水平、社会治安状况和资源禀赋等差异巨大，中国与"一带一路"沿线国家的油气资源合作面临诸多问题。例如，伊拉克、阿富汗等国的政治局势不稳定，叙利亚经常处于战争状态，阿富汗、叙利亚和印度的极端势力比较强大，孟加拉国、蒙古国等国的社会治安环境比较恶劣，俄罗斯油气储量及开采量都在"一带一路"沿线国家中处于领导地位，而新加坡的油气资源探明储量为零……这些问题都给中国与"一带一路"沿线国家油气资源合作带来了风险和挑战。由于产生这些问题的原因复杂多样，而且有些问题由来已久，在短时间内难以解决，因此，中国在与"一带一路"沿线国家进行油气资源合作的过程中，将要长期面对这些问题带来的风险和挑战，如何化解这些风险和挑战就显得尤为重要。

1.1.2　研究意义

油气资源国际合作风险问题是能源国际合作中的重要研究内容。油气资源合作风险指的是，中国政府或者企业在与其他国家或者国际企业进行油气资源业务合作时，不确定事件对油气资源合作目标产生的负面影响或者造成损失的可能性。[3]中国与"一带一路"沿线国家油气资源合作风险研究主要为解决两个问题：一是探究中国与"一带一路"沿线国家在进行油气资源合作时，面临的重大风险因素及其产生的原因；二是从战略全局的高度出发，为规避合作风险，提出维护中国与"一带一路"沿线国家油气资源合作安全的理念、目标、任务、措施，为保障中国与"一带一路"沿线国家油气资源合作安全提供理论支持和政策建议。长期以来，油气资源国际合作安全风险问题一直困扰着世界能源领域的合作，时至今日，仍然没有很好的解决方案。特别是对于油气资源对外依存度不断增加、油气资源国际合作日益加深的中国来说，更需要对这一问题进行深入研究。但是，中国目前还没有形成适合中国国情的、符合"一带一路"倡议需要的油气资源国际合作安全风险防范理论。因此，科学研究、有效防范油气资源国际合作风险，对于保障中国能源供给安全和经济社会可持续发展具有重要的现实意义。

1. 研究中国与"一带一路"沿线国家油气资源合作风险问题，有助于维护中国经济安全和国家安全

国家安全在很大程度上依赖于国家的经济安全，经济安全是国家安全的基石，而油气资源等能源的安全又是经济安全的重要基础。能源的安全不仅影响着一个国家经济社会持续稳定发展，也影响着国家的整体安全。因此，

加强中国油气资源国际合作的统筹与管理,提高应对和化解风险的能力,确保油气资源的可持续供给和能源安全,是未来相当长时期内中国面临的重大战略任务。本研究有助于从理论层面上,全方位掌握中国与"一带一路"沿线国家油气资源合作的现状与变化趋势,探究合作过程中可能面临的问题及油气资源国际合作对经济、社会、政治、文化等方面的影响。

2. 研究中国与"一带一路"沿线国家油气资源合作风险问题,有助于维护中国油气资源国际合作利益

随着中国不断拓展油气资源合作领域,如加大对外贸易、合作开发、加大投资的力度等,在具体实施过程中,不可忽视的敌对势力骚扰、抢劫、袭击等突发性事件多发,与合作国公民发生商业利益冲突及受到国际反华势力干扰破坏的事情也越来越多。加之受到国际法、国防政策等法律法规以及不同思想观念的影响,我国需要建立一套有效的组织安排、制度体制和运作方式来维护中国油气资源国际合作利益。上述问题的存在促使中国需要从法理、维权手段、行动策略等角度提出维护中国与"一带一路"沿线国家油气资源合作安全的切实可行的对策建议。本书提供了维护中国与"一带一路"沿线国家油气资源合作安保问题的行动策略、思路和方法。

3. 研究中国与"一带一路"沿线国家油气资源合作风险问题,有助于推动"一带一路"倡议的深入实施

为了响应国家的"一带一路"倡议,中国国家发展和改革委员会与国家能源局于 2017 年 5 月发布了《推动丝绸之路经济带和 21 世纪海上丝绸之路能源合作愿景与行动》,文件明确提出:能源资源合作对于"一带一路"建设意义重大,是实施"一带一路"倡议的有效举措和重要载体。加强中国与"一带一路"沿线国家油气资源合作,不仅符合中国经济快速增长对能源的需要,也符合各国能源协同发展的需要,有利于带动基础设施、市场、资金、技术和人才等各个方面的发展。中国愿意在油气资源等能源领域的国际性合作过程中,作出力所能及的贡献。分析并探究油气资源合作风险,有助于加深对东道国政治、经济、社会、文化等诸多方面的了解,通过政策、贸易、基础设施等多方面的合作,实现双边共赢、共同发展。继而把"一带一

路"倡议持续地推进下去，逐步建立以中国经济为引领，以"一带一路"沿线国家经济发展为依托的全新的世界经济格局。

4. 研究中国与"一带一路"沿线国家油气资源合作风险问题，有助于丰富能源国际合作理论和方法

通过对油气资源国际合作有关理论及文献的查阅分析可知，目前国内外对油气资源国际合作理论的研究主要集中在合作的意义、合作的领域、合作的途径等方面，而对能源国际合作安全问题的研究比较少。尤其是进入 21 世纪以来，随着世界经济的发展和科学技术的进步，以及全球环境保护的需要，可再生非油气资源得到快速发展，学者们对能源合作问题的研究重点逐渐转向可再生能源。因此，最近十几年以来，对油气资源国际合作问题的研究没有大的理论突破，特别是在现有油气资源国际合作风险问题方面的研究还有很多地方不系统、不深入、不透彻。综合考虑影响油气资源国际合作安全的诸多因素，系统地研究油气资源国际合作的安全风险问题，能够丰富和完善能源国际合作理论和方法。

5. 研究中国与"一带一路"沿线国家油气资源合作风险问题，有助于深化国家海外利益拓展与保护问题的研究

在全球化进程加快的大背景下，海外利益成为一个大国崛起过程中不可回避的问题，是一个国家的国家利益在海外的延伸和体现。拓展和维护国家海外利益对发展与完善国家利益、提升国家的形象和地位、促进国家稳定发展意义重大。随着中国改革开放全面深化、经济社会快速发展、综合国力不断增强、国际地位日益提高，海外利益得到了拓展且日渐庞大。同时，我国海外利益安全与发展所面临的各种威胁和挑战逐渐增多。油气资源国际合作是中国海外利益的重要组成部分，基于学术研究和解决现实问题的需要，在"一带一路"倡议的背景下，加强中国油气资源国际合作安全问题研究显得尤为重要和迫切，有助于从理论上揭示影响海外利益的因素、特点和规律，从而深化和加强关于中国海外利益的研究，具有很强的学术价值和应用价值。

1.2　国内外研究现状

石油和天然气等能源产业的国际合作是中国经济持续发展的重要保障，也是中国实施"一带一路"倡议的重要内容之一。中国与"一带一路"沿线国家进行油气资源合作历史悠久，合作领域和范围比较大，国内外对此问题的研究成果相对较多，下面从中国油气资源国际合作风险的各个方面进行论述。

1.2.1　中国油气资源国际合作风险研究成果综述

关于油气资源合作风险的学术研究成果，按年度统计，截至 2017 年年底，在中国知网（CNKI）上，以"油气资源"或者"能源"和"合作风险"或者"投资风险"为主题词可以检索到 703 篇文献，其年度发表文献数量分布如图 1.1 所示。

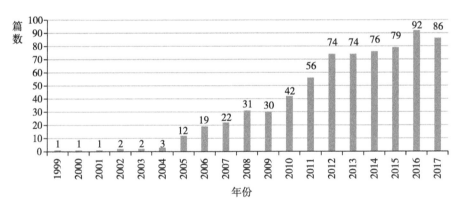

图1.1　以"油气资源"或者"能源"和"合作风险"或者
"投资风险"为主题词的文献分布图

图 1.1 具有以下三个特征：①截至 2016 年，中国知网收录的国内关于油气资源等能源合作风险或投资风险相关的文献数量总体上正在逐步增长且增速较快，且在 2016 年达到最大数量，但 2017 年，数量有所回落；②中国知网收录的国内关于油气资源等能源合作风险或投资风险相关的文献数量在

2010 年之前年度载文量均低于 40 篇，2010 年开始相关文献保持逐年增加的趋势且增速较快，到 2016 年达到极致（92 篇）；③在中国知网收录的关于油气资源等能源合作风险或投资风险相关的期刊中，2005 年以前相关文献的年度发文量均低于 5 篇，自 2005 年起，相关研究的文献数量明显增多，至 2011 年，年度发文量突破 50 篇，2016 年达到峰值 92 篇，但 2017 年回落至 86 篇。

在中国知网上，以"油气资源"或者"能源"和"合作风险"或者"投资风险"和"一带一路"为主题词的文献，截至 2017 年年底，共有 44 篇，其年度发表文献数量分布如图 1.2 所示。

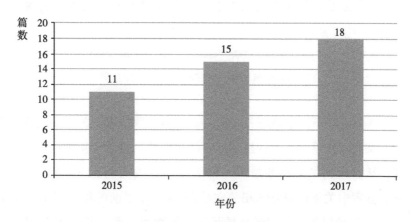

图 1.2　以"油气资源"或者"能源"和"合作风险"或者
"投资风险"和"一带一路"为主题词的文献分布图

根据图 1.2 所示，可发现其具有以下三个特征：①总体上看，在中国知网中与"一带一路"背景下油气资源合作风险相关的文献数量均在逐年增长；②2015 年以前，中国知网中并未出现与"一带一路"背景下油气资源合作风险相关的研究成果；③与"一带一路"背景下油气资源合作风险相关的文献的年度载文量从 2015 年的 11 篇增长至 2016 年的 15 篇，并在 2017 年达到峰值 18 篇。

在 *Web of Science* 数据库中，以"oil""gas"或者"energy"和"cooperation

risk"或者"investment risk"为主题词,检索 2017 年以前的外文文献,共得到
3090 篇关于油气资源合作风险的学术研究文献,其年度发表分布如图 1.3 所示。

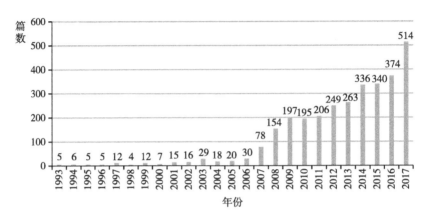

图 1.3 以"oil""gas"或者"energy"和"cooperation risk"或者
"investment risk"为主题词的文献分布图

图 1.3 具有以下三个特征:①*Web of Science* 数据库中关于油气资源合作
风险的外文文献数量大体上保持了逐年增长态势,且近十年来进入了快速增
长模式,从而达到了最高数量——2017 年年度发文量达 514 篇;②*Web of
Science* 数据库中关于该研究的相关文献在 2006 年以前的年发文量均少于 30
篇,2007 年开始每年的年度载文量明显逐年增加,到 2017 年研究数量达到
极值(514 篇);③在 *Web of Science* 数据库的外文期刊中,油气资源合作风
险相关的研究成果在 1993 年至 2002 年,年度发文数量均少于 20 篇,2003
年稍有增加,年发文量达到 29 篇。但在 2004 年和 2005 年,其年度发文量又
有所回落(2004 年 18 篇,2005 年 20 篇)。2006 年之后,该研究的相关文献
年度发文量逐年稳步增长,至 2014 年突破年度载文量 300 篇,且在 2017 年
达到极值 514 篇。

以"oil""gas""energy","cooperation risk""investment risk"和"Belt
and Road"为主题词,在 *Web of Science* 数据库中检索得出的外文学术研究文
献共有 44 篇,其年度发表文献数量分布如图 1.4 所示。

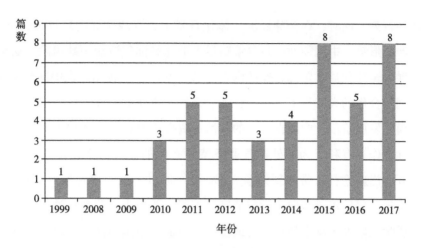

图1.4 以"oil""gas""energy","cooperation risk""investment risk"和"Belt and Road"为主题词的文献分布图

根据图 1.4 所示信息可以发现以下两个特征：①在 *Web of Science* 数据库中检索得出的关于"一带一路"和油气资源合作风险的外文文献年载文量基数较小，增速较慢，但 1999 年以来总体上呈波浪式增长态势。近三年来，除 2016 年年度载文量有所回落外，2015 年和 2017 年均达到近年来相关文献年度发文量的最大值（8 篇）；②在国际期刊中，"一带一路"和油气资源合作风险的研究在 2010 年之前，年度载文量均低至 1 篇，2010 年至 2012 年其年度载文量逐步从 3 篇提升至 5 篇，2013 年又出现了小幅度回落（2013 年 3 篇），2014 年至 2015 年相关文献的年度载文量攀升至 8 篇，但在 2016 年又回落至 5 篇，最后在 2017 年再度提升至 8 篇。

1.2.2 中国油气资源国际合作研究

1. 中国开展油气资源国际合作的必要性研究

受经济快速发展的影响，中国的石油和天然气供需不平衡的问题变得越来越突出，对外部供给的依赖程度越来越深。[4]

马春爱和郝洪[5]认为作为发展中国家，中国的经济发展对油气资源的依赖性逐年增强，原油对外依存度攀升，要求中国加入全球化油气资源配置与合作的行列。同时,在全球经济一体化背景下,资源全球配置已成为共识,面对严峻形势,中国须通过各种策略尽可能化解油气资源短缺风险,这也是中国融入全球化油气资源合作的内在要求。王青等[6]提出,在中国开展油气资源国际合作的大背景下,中国石油、天然气企业的海外油气投资业务已进入规模化发展阶段。中国在自身的政治、资金以及技术等优势下开展油气资源国际合作,有利于为海外油气业务持续有效的发展探索出新方向和新方式,开辟出新途径,带来新效益。Zou等[7]通过对油气田规模的探讨分析,认为常规油气田正逐步向非常规油气田扩展,并且未来非常规油气田将在石油地质学领域处于越来越重要的地位。一方面,中国的油气资源企业开展国际合作的领域和方式发生了相应的变化,特别在投资领域变化尤为明显;另一方面,中国油气资源企业提升自身勘探、开采油气资源的技术水平,加强与世界相关企业的合作。陈光玖[8]认为中国的油气资源相对缺乏,在经济全球化不断发展和世界石油市场动荡加剧的新时期,中国面临着巨大的风险和挑战。开展油气资源国际合作,加强非常规油气开发,是中国的必然选择。因此,只有当中国加入世界油气资源经济这个大循环中时,才能够更好地规避风险,发展油气资源产业,维护油气资源安全,获得经济社会的长足发展。程春华[9]认为油气资源产业的发展不仅是经济问题还是政治问题,油气资源合作是中俄全面战略协作伙伴关系与能源合作的重要组成部分,随着中俄双方的能源合作越发紧密,油气资源合作成为双方共建新型大国关系的重要路径之一。同时,中俄油气资源合作也是一项能为社会稳定和经济发展起积极作用的务实之举。赵亚博和方创琳[10]提出自改革开放以来,中国在经济方面取得了飞速发展,油气资源消耗量持续增长。相较于中国经济社会发展对油气资源的需求而言,中国国内的油气资源供给明显不足,寻求与中亚国家的油气资源国际合作是中国解决能源供给不足问题的必然选择。中亚地区毗邻油气资源储藏丰富的里海,中国又与之接壤,且有古丝绸之路贯通,与其开展油气资源合作有着天然的地理优势。中国若与其开展油气资源合作便可促成"好邻居、好朋友、好伙伴"的互惠互补格局,有利于中国新型大国关系的构建。孙玉琴等[11]根据中国经济快速增长的形势,得出中国对国际市场上油气产品依存度不断提升的结论。中东地区蕴藏的丰富的油气资源，吸引中国在油气领域与中东地区国家开展广泛的贸易和经济技术合作，这既有一定的必然性，又有着较强的互补性和互惠性。Maryam 等[12]认为石油和天然气作为不可再生资源，对石油和天然气出产国具有重要的经济价值。油气资源在世界各地的分布十分不均衡，导致国与国之间发生油气资源的利益冲突。开展油气资源国际合作有助于国家之间油气资源优势互补，促进资金、劳动力、技术等要素的相互流通，最终实现油气资源开发和利用上的双赢。Gulinaer[13]从中国油气资源短缺、进口依赖性强等现状出发，指出油气资源安全保障与中国的经济命脉息息相关，提出油气资源富集的中亚地区在世界上占有重要的战略地位，中国应加强与中亚国家的油气资源合作。中国在与中亚国家开展油气资源合作的进程中，应结合中亚地区独特的地缘优势，利用好与中亚国家油气资源产业结构配置的互补性，为双方提供更为宽广的合作空间。余晓钟等[14]也提出了开展油气资源国际合作的重要性：首先，能够针对目前中国能源市场的客观条件和实际，进一步实现能源供给侧结构性改革；其次，可通过油气资源合作推动非能源合作，促进形成集约、可持续发展的国际能源合作新格局；最后，油气资源合作共享机制为各国提供了良好的交互平台，既为中国开辟了新的自主型油气资源国际合作路径，又构建了国际能源合作新模式。

2. 中国开展油气资源国际合作模式研究

有关中国开展油气资源国际合作模式的研究，主要集中在中国国内学者的研究成果上。

马春爱和郝洪[5]认为中国应积极参与国际油气资源合作，逐步开发一组成型的合作模式，他们提出的油气资源国际合作模式主要包括油气资源的贸易合作、产品分成合作、合并和收购、服务业务合作与合资企业等。陈光玖[8]认为当今世界范围内的油气资源合作模式类型有以下几种：一是以生产为导向的合作，是指从石油、天然气开发与运作层面出发，共担开发过程中的成本开销，共享油气成品的利润；二是以服务为导向的合作，是指以国际油气产业为源头，提供相应的油气资源勘探和开采方面的服务；三是以资金为导向的合作，是指合作双方同时投入资金，一起分摊开采和生产过程中的风险，共同缴付经营中的税收等费用。夏凌娟等[15]指出中国与他国油气资源国际合作已经演化成了一套比较稳定的合作模式，其中的合同模式体现了"平衡原则"，合作市场也遵循着"高风险、高回报"的原则。油气资源合作的合同模式逐渐趋于多元化，依据合作范围内油气资源的不同所有人，可以分为租让制合同和合同制合同。租让制合同的油气资源所有权为个人所有，而合同制合同中油气资源的所有权属于国家。赵亚博和方创琳[10]借鉴了国际上油气资源领域已有的合作模式，将中国与中亚地区在油气资源方面的合作归纳为产量分成模式、联合经营模式和技术服务模式三种模式。三种模式各有利弊，应该结合实际情况酌情采用。宋振良[16]指出中国油气企业一直致力于与其他国家的国际合作，中国的油气资源合作模式分为产品分成、风险服务、回购合同与特殊合同四类，可以分别应用于不同的国家和企业。徐斌[17]提出中国油气企业在选择海外油气资源开发合作模式时，可以考虑的合作模式有与油气资源储备国开展油气产业合作开发、同有经验的跨国石油公司开展合作开发、签署无风险服务合同等。余晓钟等[14]提出中国在与中亚国家的油气资源合作中，除以贸易的形式进行合作外，还可采用以共建油气管道项目为双方合作基础的"石油换石油工程建设项目"的合作模式。此外，也可以将双边合作模式延伸为多边合作，创建国际能源合作园区模式。

3. "一带一路"倡议下的油气资源国际合作研究

"一带一路"倡议的提出，把对中国油气资源国际合作的研究推向了新的高度。

杨晶和高世宪[18]指出，截至 2015 年，中国和"一带一路"沿线国家建立了亚洲五大油气主动脉，促进了区域油气资源网络格局的形成，有利于提升中国与周边主要油气资源生产国的合作保障能力。Wang 和 Liu[19]研究了"一带一路"沿线国家油气资源合作的机遇与挑战，指出国家政策的先发优势和油气资源合作的坚实基础，对"一带一路"倡议具有重要的推动作用，同时对其他行业在道路和交通领域等的合作也有着深远的影响。Jiang 等[20]

从中国在能源领域开展国际合作的优势和合作基础方面，论述了在"一带一路"倡议下中国在油气资源基础设施领域开展国际合作的潜在风险，在提出对油气资源国际合作进行风险评价和风险控制的策略后，构建了中国与"一带一路"沿线国家进行油气资源基础设施领域合作的现实路径。Wang 和 Zhao[21]认为中国提出的"一带一路"倡议，对于推进中国与"一带一路"沿线国家进行油气资源合作具有先发优势。中国油气企业需要提高国际化发展能力，充分利用"一带一路"先发优势的作用，深化与"一带一路"沿线国家的油气资源合作。Fu 和 Xu[22]以"一带一路"倡议提出后的三年实施效果为出发点，认为该倡议体现了创新的理念、明确的目标、宏伟的设计和强有力的措施。他们梳理了"一带一路"倡议取得的重大进展，进一步证明了"一带一路"倡议作为开放世界经济的有效途径，为"一带一路"沿线国家开展油气资源等各项国际型合作提供了新型发展平台。He 等[23]分析了"一带一路"沿线国家油气资源合作的基础和未来的合作需求，提出了合作的基本思路和概念，建立了 T 型产业链协调双赢战略体系，从四个方面论证了需要制定或改进的策略与具体措施。Lu[24]分析了中国石油天然气集团有限公司主办的"'一带一路'油气资源合作圆桌会议"，认为"一带一路"倡议下的油气资源国际合作，应该深化油气资源合作的共同愿景，通过协商使"一带一路"倡议下的油气资源国际合作达成广泛共识。Wang[25]认为中国石油天然气集团有限公司在"一带一路"倡议下，虽然面临着新的机遇和挑战，但也取得了较为丰硕的成就，并且在不断深化与"一带一路"沿线国家的油气资源合作。

4. 中国与"一带一路"沿线国家油气资源合作进程研究

中国与"一带一路"沿线国家的油气资源合作历史悠久，多年来已经积累了诸多成果。截至目前，关于中国与西亚、中亚、东南亚和俄罗斯等地区和国家油气资源合作的研究成果较多。

西亚地区油气资源产量丰富，是中国开展油气资源国际合作的重点区域。张艳松等[26]以中国改革开放为起点，结合中国可采石油储量下降的实际情况，在中国提出"发展西部，稳定东部，探索南部，扩大海外市场"的战略背景下,分析了中国与伊朗在"一带一路"倡议下的合作形势。Vrush-al[27]指出西亚地区在全球油气资源供给体系中占据重要地位,丰富的石油储备和巨大的天然气储量,使其成为具有战略意义的敏感地区。外部势力的过度存在,使该地区成为世界竞争和冲突的中心。

中亚地区毗邻中国,中国与其进行油气资源合作具有天然优势。Guli-naer[13]指出中亚地区能源资源极为丰富,中国应发挥自身优势,加大与中亚国家开展能源合作的力度,尤其是应加大油气资源合作的力度。Fu 和 Xu[22]指出在中国与哈萨克斯坦油气资源合作的 20 多年发展史上,中国石油天然气集团有限公司一直注重促进当地油气行业的发展,努力提升当地员工的比例和素质,通过加强合作促进当地经济社会发展。特别是"一带一路"倡议提出以来,中国油气企业加大了与哈萨克斯坦的油气资源合作力度,通过充分发挥油气资源合作的辐射效应,解决了数万名哈萨克斯坦人的就业问题,为哈萨克斯坦民众生活水平的逐年提高作出了重要贡献,极大地促进了当地经济社会的发展。

东南亚国家也是中国重要的油气资源合作伙伴。Sun[28]在研究和分析中国与缅甸的油气资源合作问题时指出,缅甸对中国能源安全的重要性主要表现在两个方面:一是能源运输路线;二是水电和天然气供应。他指出,中国与缅甸共同建设的密松水坝对两国的油气管道运输具有重要的意义,油气管道项目是中国在缅甸境内的首个国家优先项目。

俄罗斯地大物博,其油气资源禀赋使之与中国的合作优势得天独厚。Xie[29]重点分析了俄罗斯石油工业的国际合作及发展趋势,以及俄罗斯石油勘探和生产的合作模式,认为俄罗斯国内公司与保持良好关系的国外公司建立战略联盟,提供先进的管理和技术等,这些都为中俄能源合作奠定了良好的基础,使中俄能源合作进入了新阶段。Shoichi 等[30]指出俄罗斯东西伯利亚和远东地区拥有丰富的尚未开发的油气资源,同时中国经济发展需要大量的能源进口,中国还具有先进的油气勘探开采技术,这为两国的能源合作奠定了良好的基础,并进一步加深和巩固了中俄两国间的能源战略伙伴关系。Wang[31]提出中国市场是油气资源国际合作最方便、最稳定的市场,而俄罗斯丰富的油气资源禀赋，使得两国容易达成一致。中俄以油气资源为主的能源合作已成为中国经济转型和经济繁荣的重要推动力量，未来两国的友好合作还将会受益于石油和天然气工业。Guan[32]指出东北亚的石油和天然气市场供应和消费潜力巨大，进一步合作的前景非常广阔。中俄油气合作将为建立区域油气市场奠定重要基础，日益开放的油气贸易体系也将满足日韩建立多元化油气供应保障体系的需要。俄罗斯远东地区的科济米诺港口以及中国上海的天然气交易平台将发挥战略性作用，依托市场机制进行的竞争与合作将有助于激活东北亚地区的资源流动和资本流动，帮助该地区的能源消费国推动其全球定价体系建设。Zhang[33]认为目前跨国油气管道建设、跨境电网互联建设和大型基础设施建设还没有跟上预期的步伐，在很大程度上影响了中俄两国能源合作的进程。

1.2.3 中国油气资源国际合作风险识别研究

与中国有油气资源合作业务的国家由于地理区位、政治宗教信仰、民生发展等各方面都存在差异性，其油气资源合作风险的大小也不尽相同。在各文献中，对于油气资源合作风险的理解有很大不同。

1. 中国油气资源国际投资、合作风险研究

Ezells[34]从财务视角研究了《萨班斯法案》颁布前后对油气企业的显性影响，发现并且解释了在跨国油气资源合作过程中，两国的财务法规也是影响合作的重要因素。Abudureyimu 和 Han[35]认为在能源合作进程中，能源投资国要有良好的经济基础，才能顺利开展国际贸易。良好的经济基础是公司快速营利的保证，也是公司安全发展的保证。Liedtke 和 Stephan[36]提到能源富集国家的经营环境应该有利于开展国际贸易，才能吸引更多的外国投资。外国公司总是希望有一个良好的投资环境来顺利经营业务，如果资源国存在一定的投资风险，将会影响外国公司进行业务投资的决心。Liu 和 Ma[37]研究发现中国油气资源国际合作投资风险，主要包括来自政府机构的投资许可、税收和关税、建筑和电力许可、后勤支持和合同执行等方面。Zheng[38]认为环境风险是每个油气资源合作国家都要优先考虑的问题。二氧化碳排

放、温室效应和全球变暖是人类文明面临的主要风险。Shahrouz 等[39]认为能源安全是国家经济稳定的主导因素，当前的全球能源市场依赖于中东、高加索地区、中亚和俄罗斯的能源。高加索地区和伊朗是向全球能源市场输送能源的主要来源地之一，在促进整个欧洲和亚洲能源安全方面发挥着关键作用。有效防范中东、高加索地区、中亚和俄罗斯等地区和国家的油气资源合作风险，是保障世界能源供给安全的重要基础。

2. 中国与"一带一路"沿线国家开展油气资源合作过程中的风险问题研究

Hu[40]分析了中亚地区地缘政治和资源竞争态势下的油气资源合作风险。中亚地区不少国家正处于社会转型期，军队严重威胁新兴政治的稳定，社会结构的分化是导致政治不稳定的重要因素。中亚地区一些国家经济和政治发展的不平衡，通常会导致极端主义的滋生，包括宗教、极端民族主义和恐怖主义。频繁的自杀性爆炸、武装袭击和其他冲突事件，严重影响社会治安。这一系列不稳定因素为中国与中亚国家的油气资源合作带来了极大的安全隐患。Lu[41]认为"一带一路"沿线国家油气资源合作风险大多来自地缘政治或经济层面，最复杂的风险来自宗教。此外，在发展过程中中国将逐渐面临全球超级大国（美国）和区域大国（俄罗斯、印度、日本等）的竞争压力。如果中国不能控制分歧或者通过达成战略共识来减少摩擦，"一带一路"沿线国家的地缘政治导致的内部风险和跨境风险，会对中国与"一带一路"沿线国家开展油气资源合作产生一系列负面的连锁反应。Wang[25]认为"一带一路"沿线许多地区历史上一直都是争夺激烈的区域，中国与"一带一路"沿线国家开展油气资源合作，需要有效解决由地缘政治风险引起的大国博弈。目前，美国、欧洲和俄罗斯等都在"一带一路"沿线的一些国家进行投资或有其他合作业务，它们密切关注着中国与这些国家之间的能源合作。同时，"一带一路"沿线国家政治复杂多变，经济政策透明度低下，特别是在当前日益复杂多变的国际形势下，崛起的保守势力等变化给政治稳定带来了更大的挑战，政府面临政治、经济和金融等各方面的压力，使得中国与"一带一路"沿线国家开展油气资源合作面临诸多不稳定因素。Jin 等[42]在分析中国与"一带一路"沿线国家油气资源合作时指出：第一，"一带一路"沿线国家能源合作的潜力尚未完全释放，中国是"一带一路"地区最大的能源进口商，但贸易中心和油气资源定价中心都不在"一带一路"地区；第二，能源安全保障体系尚未建立，能源贸易投资的经济效益仍有待提高；第三，一些项目在施工期间与当地的沟通不足，不仅导致早期投资的损失，也对两国的深化合作产生了一定的负面影响。Liu[43]研究了在"一带一路"倡议下中国可能存在的能源国际合作安全风险，他将风险分为传统风险和局部地区动乱风险，并指出在中国与其他国家开展能源合作时，需考虑国际整体形势，维护各方利益需求，在合作中充分发挥自身优势。Yang 等[44]通过分析优势、劣势、机遇、风险及界定促进经济发展的政治、经济、法律的运作条件，剖析"一带一路"倡议下的国际油气资源合作环境，探索改善区域沟通机制、金融合作框架、多边法律制度和国际油气市场的新途径。Pei[45]从金融视角论述了加强"一带一路"沿线国家之间开展油气资源合作的重要性，分析了中国与"一带一路"沿线国家开展油气资源合作的经济风险。Gulinaer[13]指出中亚与阿富汗边界存在暴力恐怖、宗教极端主义和种族歧视等多种危险因素。分离主义势力对中亚局势构成严重威胁，吉尔吉斯斯坦的色彩革命也是美国为了干预中亚国家而产生的结果。中亚地区部分国家在经济和政治上支持反对派，对一些亚洲国家间接产生了负面影响。因此，中亚国家的投资环境不容乐观，中国与中亚国家开展油气资源合作需要保持谨慎乐观的态度，要特别注意防范合作过程中可能出现的各种风险。Duan 等[46]以"一带一路"沿线国家为研究对象，提出海外能源投资存在众多潜在风险，如政治风险、监管风险、货币流通风险、流动性风险、再融资风险等。该学者建立了六个维度的指标体系，来衡量"一带一路"沿线国家的能源投资风险，最终得出结论：沙特阿拉伯、阿拉伯联合酋长国、巴基斯坦、哈萨克斯坦和俄罗斯是中国能源投资的最理想选择。

1.2.4 中国油气资源国际合作风险规避研究

中国与世界各国尤其是"一带一路"沿线国家进行油气资源合作，其风险是客观存在的，中国政府和油气企业必须正视这些风险，并且采取相应的规避措施。

Hu[40]提出中国要制定明确的海外能源收购战略，以"丝绸之路经济带"为契机，不断推进与中亚国家的全面战略伙伴关系。根据互利原则，加强与中亚国家的能源外交，促进大规模油气资源项目合作，并采取合适的援助政策。Lu[41]认为监管机构应该关注能源国际合作业务的可行性和可持续性，而不是被动地规避风险。通过充分利用和吸纳与全球能源业务相关的现行法规和政策，可以将各种潜在风险降至最低。对于能源国际投资保护机制问题，可以通过双边或多边对话来实现。例如，通过双边、多边、区域协议等方式启动外商投资保险制度，使能源业务平稳运行，降低能源业务风险。Chen 等[47]认为中国应该坚持对风险勘探业务的投资，以确保油气工业体系顺利运行。该学者探究了国际油价变动对中国油气产业体系的影响和应对策略，提出中国在不断升级油气产业结构的基础上，需结合"一带一路"倡议，与国外进行油气资源上游产业合作，不可局限于单纯的进口，更应侧重于有技术性、科学性的创新合作。海尔[48]基于"一带一路"倡议的具体实施层面，提出了有关规避合作风险的建议：一方面，应针对中国自身的产业结构，找准与"一带一路"沿线国家开展合作的合作领域和合作对象，科学制定合作对策，扎实推进合作业务，有效防范合作风险；另一方面，应综合考虑与不同国家开展合作过程中可能存在的风险隐患，深入分析影响合作的主要因素，有针对性地采取应对措施，使"一带一路"倡议的作用发挥到极致。Yang 等[49]指出中国油气企业应充分利用国际、国内市场和石油、天然气两大资源，以及自身的油气工程技术、金融优势和国内市场的巨大需求，来推动自己走向世界。同时，中国油气企业应进一步从经营理念、管理体制、资本运营、技术研发和人才引进等方面进行优化升级，不断提升自身的国际业务实力。Li 和 Wang[50]认为海湾地区的油气产业发展机遇与挑战并存，在"一带一路"倡议的支持下，中国应抓住历史机遇，加强与海湾地区国家的全面合作，促进国家之间资源、技术、文化等各方面的交流。He 等[51]认为中国应加强与"一带一路"沿线国家的油气资源合作，加快交叉和并行油气管网的建设，重点是延伸从中亚到南亚的石油和天然气网络，推进区域港口基础设施建设，增强中国陆上石油和天然气供应能力。Wang[52]认为提升中国油气资源国际合作能力应从初期的国际贸易阶段转入国际业务的高级阶段。中国政府和油气企业应努力转变被动地适应国际贸易规则的思维，积极参与国际贸易规则的建设。通过积极的能源合作，促进更广泛、更深入的国际合作，发展区域经济并建立多种货币区域结算系统，促进能源融资的发展，提高人民币的国际地位。Yang 等[44]认为在推动中国油气资源国际合作方面，应该完善区域对话机制，增强国家间的政治互信，改革石油和天然气产业领域的相关政策，建立区域油气合作谈判机制，建立、健全多边国际能源法律体系，深化金融合作，建立稳定的货币体系，扩大"一带一路"沿线国家之间的货币互换，促进人民币的国际化。Jin 等[42]认为加强"一带一路"沿线国家能源基础设施建设，特别是能源领域所涉及的网络、交通、电力等基础设施的建设，是中国与"一带一路"沿线国家之间开展油气资源合作的重要支柱。如果这些基础设施建设完备，将真正搭建起中国与"一带一路"沿线国家之间开展油气资源合作的桥梁。Zhang 和 Melebayev[53]提出加深中国与"一带一路"沿线国家油气资源合作的主要途径为坚持互利共赢的原则，深入实施"一带一路"倡议，开展能源领域的全方位合作，确保"一带一路"沿线国家能源合作安全，共同促进"一带一路"沿线国家繁荣发展。Wang[52]提出了深化中国与"一带一路"沿线国家之间油气资源合作的 5 点建议：第一，加强政策协调，促进"一带一路"倡议下的油气资源合作政策、标准和机制的整合；第二，加快基础设施建设，建立并完善沿"一带一路"区域的油气资源管线系统；第三，促进贸易畅通，建立开放包容的能源贸易平台和能源合作平台；第四，实现金融一体化，尤其是加快能源金融一体化；第五，加强中国与资源国民众的文化交流，促进油气资源合作项目的本土化和可持续发展。

综上所述，国内外学者对于中国开展油气资源国际合作已经有了强烈的共识，对于油气资源国际合作风险的研究也比较深入。但是，现有文献研究的对象主要聚焦于与中国有油气资源合作业务的中东、中亚和俄罗斯等地区和国家，并没有对"一带一路"沿线与中国有油气资源合作业务的所有国家进行分析研究。同时，在研究方法上，以定性分析方法为主，很少有文献采用定量分析方法，通过建模对于中国与"一带一路"沿线国家的油气资源合作风险进行量化分析，做出量化结论。为此，有必要从"一带一路"沿线64个国家中选择出与中国开展油气资源合作的国家，建立油气资源合作风险评价指标体系，并通过建立评价模型对与中国有油气资源合作业务的"一带一路"沿线国家的合作风险做出定量评价、排名和分类，并根据评价结果，有针对性地提出规避油气资源合作风险的对策建议。

1.3 研究内容

1.3.1 中国与"一带一路"沿线国家油气资源合作现状分析

综合相关资料，阐述中国与"一带一路"沿线国家开展油气资源合作的进程及现状。解读"一带一路"倡议对中国油气资源国际合作的重要意义，指出"一带一路"倡议为中国油气资源国际合作提供了新的平台，为解决中国油气资源国际合作面临的严峻问题开辟了新的途径，同时为重构中国油气资源国际贸易格局提供了重要机遇。从政策沟通、贸易畅通、资金融通、设施联通和民心融通的角度列举中国与"一带一路"沿线国家开展油气资源合作的主要领域，提出油气资源贸易合作模式、油气资源产量分成合作模式、油气资源风险服务合作模式、油气资源合资经营合作模式、油气资源并购合作模式和贷款换油气资源合作模式等6种油气资源合作模式。结合具体案例，列举中国与"一带一路"沿线国家油气资源投资与贸易、油气资源战略对接和国内油气企业"走出去"等情况。

1.3.2 中国与"一带一路"沿线国家油气资源合作风险因素识别

主要从政治风险、经济风险、社会安全风险和资源环境与技术风险等4大类合作风险对中国与"一带一路"沿线国家油气资源合作风险进行分析与评价。在此基础上，提出中国与"一带一路"沿线国家进行油气资源合作面临风险的原因，主要包括6个方面："一带一路"沿线国家政权的不平稳更送；"一带一路"沿线国家武装冲突、战争造成的创伤；"一带一路"沿线国家民族、宗教矛盾和极端势力的威胁；"一带一路"沿线国家油田化学品开发和应用技术的相对落后；中国油气资源企业国际化运营能力的不足；国际社会上环境保护的压力。

1.3.3 中国与"一带一路"沿线国家油气资源合作风险评价指标体系构建

在识别油气资源合作风险的基础上，提出评价指标体系设计的目标导向性、系统性、独立性、重点性和可行性原则。在确立"一带一路"沿线国家油气资源合作的安全需求、安全现状分析和风险构成要素 3 个构建指标体系的依据后，筛选出政治风险、经济风险、社会安全风险及资源环境与技术风险 4 个一级评价指标和 18 个二级评价指标。

1.3.4 中国与"一带一路"沿线国家油气资源合作风险评价及分类模型构建

依据以上章节中建立的合作风险评价指标体系，构建改进熵的 TOPSIS 的合作风险综合评价模型，能够按照合作风险的高低对"一带一路"沿线国家进行排名。构建层次式聚类分析方法的合作风险分类模型，可以按照评价指标的基本属性把合作风险划分成合理的类别。构建相应分析方法的合作风险分类模型，来分析不同风险类别中的国家受到相关合作风险评价指标的影响程度。

1.3.5 中国与"一带一路"沿线国家油气资源合作风险实证分析

依次采用改进熵的 TOPSIS 的合作风险综合评价模型、层次式聚类分析方法的合作风险分类模型和相应分析方法的合作风险分类评价模型，将 28 个"一带一路"沿线国家根据油气资源合作风险的高低进行排序，把合作风险划分出 9 个风险等级，对不同风险等级中的国家受到相关合作风险评价指标的影响程度作出排序。结合合作风险评价指标及中国政府和油气资源企业与"一带一路"沿线国家开展油气资源合作的实际案例，对 28 个"一带一路"沿线国家的油气资源合作风险依次进行实证分析。

1.3.6 中国与"一带一路"沿线国家油气资源合作风险防控对策分析

综合 28 个"一带一路"沿线国家的油气资源合作风险的评价结果，从宏观到微观，从政府到企业，提出中国与"一带一路"沿线国家油气资源合作风险防控 6 个方面的对策：第一，要强化政府油气资源国际合作保障能力；第二，要加强油气资源国际合作外交及对外影响力；第三，要提升油气资源企业核心竞争力；第四，要提高油气资源国际合作科技创新能力；第五，要构建高效多样化的油气资源国际合作安保体系；第六，要加强油气资源国际合作风险评价体系建设。

1.4 研究方法与技术路线

本书将文献研究、案例研究、归纳演绎等定性分析方法与 TOPSIS 法、熵权法、聚类分析和相应分析等定量方法相结合，阐述中国与"一带一路"沿线国家油气资源合作的领域、模式及进程，识别、归纳中国与"一带一路"沿线国家油气资源合作的风险因素，构建合作风险评价指标体系，建立合作风险评价及分类量化模型，综合评价"一带一路"沿线国家油气资源合作风险水平，从多个层面提出中国与"一带一路"沿线国家油气资源合作风险防控对策。技术路线图如图 1.5 所示。

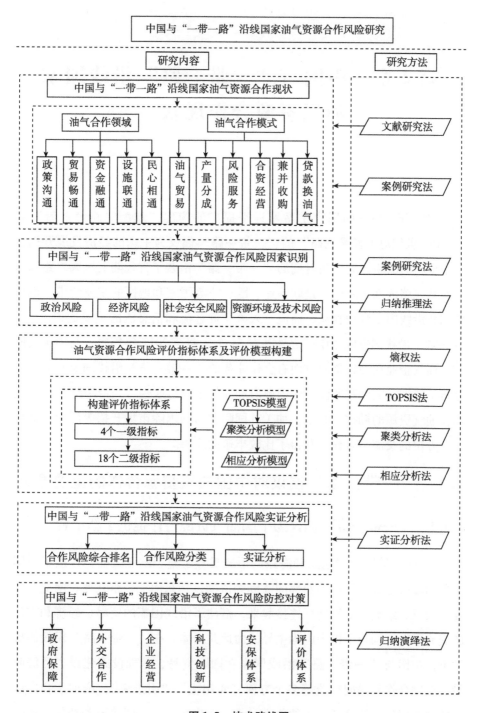

图 1.5 技术路线图

第 2 章 中国与"一带一路"沿线国家
油气资源合作现状

2013 年，由中国国家主席习近平提出的构建"丝绸之路经济带"和"二十一世纪海上丝绸之路"的"一带一路"倡议为中国的经济发展开拓了一个全新的战略方向。新时期的"一带一路"沿袭了古代陆上丝绸之路和海上丝绸之路的基本路线，是联系亚、欧、非等国家和地区的重要纽带，也是中国和沿线国家沟通物流、商流、人流、资金流和信息流的重要通道。"一带一路"沿线国家除了中国之外共有 64 个。截至 2017 年年底，与中国政府或者油气企业在油气资源方面有合作业务的"一带一路"沿线国家有 28 个，分布于亚洲、欧洲和非洲。中国政府和油气企业与这些"一带一路"沿线国家在油气资源的勘探、开采、加工、国际贸易和国际市场开拓等层面上进行了全方位的交流与合作，获得了比较丰硕的成果。

2.1 "一带一路"倡议对中国油气资源合作的重要意义

2.1.1 "一带一路"倡议为中国油气资源合作提供了新平台

"一带一路"通过陆路和海路的形式贯穿了整个欧亚大陆，连接了中国东部的亚太经济圈和中国西部的欧洲经济圈，把东南亚、东北亚、南亚、中亚、西亚、欧洲和非洲地区连接起来，搭建了沿线国家的贸易、经济和文化的交流平台，构建了以中国为主导的命运共同体。在"一带一路"倡议的推动下，中国与"一带一路"沿线国家在国际贸易、基础设施建设、经济政策、金融合作和民间交流等多个方面"走出去""引进来"，增加了合作国家的就业岗位，提高了人民的收入水平。新形势下，中国政府和油气企业依托"一带一路"倡议的平台资源，得到了亚洲基础设施投资银行（亚投行）等金融机构的资金和政策支持，在取得经济利益的同时，拓展了参与国际交流合作的视野，提升了参与国际交流合作的能力，获得了宝贵的油气资源合作经验。

2.1.2 "一带一路"倡议为解决中国油气资源合作安全问题开辟了新路径

在目前多变的国际环境下，单一地依赖某一个地区获得油气资源，会使中国面临巨大的安全风险。例如，中国石油第二大进口国委内瑞拉由于近年来陷入了经济危机，国内通货膨胀严重，石油价格的暴跌让这个国家的经济雪上加霜，导致中国 2007 年以来在该国的数百亿元投资无法收回。同时，中国国际地位的提升，也引发了一些大国对于中国崛起的担忧，一些国家在多个领域给中国设置障碍。"一带一路"倡议的实施，使中国加强了与"一带一路"沿线国家的油气资源合作，逐渐形成了中国石油和天然气进口来源多元化、合作方式多样化的格局，从以前的以油轮运输为主要运输方式、以马六甲海峡海上通道为主要运输路线，转变为油轮运输与西北、西南、东北油气管道运输并行的贸易方式，大大降低了中国油气资源国际合作的安全风险。2017 年，中国从国外进口的石油和天然气总量中分别有 87.4% 和 67.4% 的份额来自"一带一路"沿线国家[2]，如图 2.1 所示。

2.1.3 "一带一路"倡议为中国重构油气资源国际贸易格局提供了重要机遇

中国的经济总量已经跃居世界第二位，国际贸易总量处于世界第一位，对于世界经济增长的贡献率处于主导地位。中国经济的发展在影响整个世界经济发展格局的同时，也在改变着世界能源贸易的格局。2017 年，中国能源消费总量占全世界能源消费量的 23.2% 和全球能源消费量增长的 33.6%，已经连续 17 年稳居全球能源增长榜首。[2] "一带一路"区域内巨大的油气资源蕴藏量和产量与中国对于油气资源的巨大需求相得益彰，构建"一带一

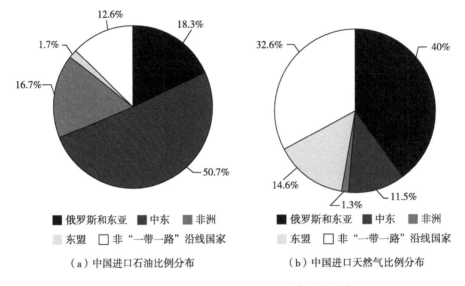

（a）中国进口石油比例分布　　　　　　（b）中国进口天然气比例分布

图 2.1　2017 年中国进口石油和天然气比例分布

路"倡议框架下的原油期货和天然气现货国际市场，将有利于提高中国在国际油气资源定价中的话语权，进一步保障中国油气资源的供给安全。

2.2　中国与"一带一路"沿线国家油气资源合作的主要领域和模式

2.2.1　油气资源合作的主要领域

油气资源国际合作涉及的领域比较广泛，为了便于研究，本书按照国家对"一带一路"倡议提出的"五通"要求，将中国与"一带一路"沿线国家油气资源合作的主要领域总结归纳为以下 5 个方面。

1. 加强油气资源政策沟通领域的合作

以合作共赢为共同目标，与"一带一路"沿线国家就经济发展和油气资源合作战略进行充分沟通，求同存异，联合制定油气资源合作开发、生产和贸易方案以及相应的经济、法律政策和规定。同时，对油气资源合作过程中出现的困难和问题积极进行协商解决，保障与"一带一路"沿线国家的油气资源合作业务顺利实施。加强"一带一路"沿线国家的高层互访，巩固和提升与"一带一路"沿线国家的战略合作伙伴关系，鼓励油气企业与"一带一路"沿线国家和各级政府签订油气资源合作的双边协定。由于"一带一路"沿线的许多国家国情比较复杂，特别要注意在与"一带一路"沿线国家进行油气资源合作的过程中，尽可能获得东道国政党的广泛支持，这样合作政策才能够在政权更迭的情况下保持稳定实施。

2. 促进油气资源贸易畅通领域的合作

以互利互惠为基础，与"一带一路"沿线国家建立良好的贸易合作和投资合作关系，提高油气产品的国际贸易水平。号召沿线国家共同参与建设"一带一路"沿线国家油气资源合作自由贸易区，采用更多现代化技术，提高管理效率，简化油气产品通关手续，降低油气资源的交易成本。提升中国政府和油气企业对"一带一路"沿线国家油气资源投资的数量和质量，提高中国油气企业实际利用外资的能力，激励与"一带一路"沿线国家各级政府和油气企业实施质量更高的工程合作项目，提高油气产量，保障中国油气资源的供给安全。

3. 深化油气资源资金融通领域的合作

充分发挥亚投行在"一带一路"沿线国家油气资源合作中的金融支持作用，给"一带一路"沿线国家各级政府和油气企业及时提供贷款。鼓励更多的国家加入亚投行，增强亚投行的凝聚力和抵抗金融、经济风险的能力。加快与"一带一路"沿线国家的双边本币互换和双边货币结算进程，完善人民币跨境结算系统，降低本币汇率风险。加强金融监管，鼓励中国国内的银行业"走出去"，为更多的国内外油气企业提供资金支持和保险保障，积极参与维护世界金融秩序。

4. 加速油气资源设施联通领域的合作

加速与"一带一路"沿线国家落实交通便利化协定，打通中国到"一带一路"沿线各国的陆路和海上油气资源运输通道。利用亚投行融通资金的优势，加速"一带一路"沿线国家基础设施建设，提高公路等级，加强铁路尤其是货运铁路建设，完善港口设施，增强港口的货物吞吐能力，构建和完善公路、铁路和海路多式联运网络。完善"一带一路"沿线国家电力能源供给，加速通信设施的联通。对于那些饱受战争摧残、基础设施损坏程度较高的国家，积极而审慎地进行投资，保障油气产品运输安全。稳定和提升与"一带一路"沿线国家的油气资源合作关系，加快跨境油气运输管道建设。

5. 推动油气资源民心相通领域的合作

努力让油气资源合作项目得到"一带一路"沿线国家民众的广泛支持。减少油气资源开采、生产和运输过程中对当地自然环境的损害，提高对当地员工的雇佣率，提高当地员工的工资水平。在油气资源投资过程中，尊重所在国家民众的文化习俗、宗教信仰和生活习惯，同时通过多种渠道，采取多种措施，使当地民众了解中国特色文化，增进中国与"一带一路"沿线国家的传统友谊。提高与"一带一路"沿线国家人员的往来便利化程度，鼓励双边对各种油气资源工程技术人才联合培养，提升"一带一路"沿线国家对中国以及中国对"一带一路"沿线国家的相互认同程度。

2.2.2 油气资源合作的主要模式

油气资源国际合作模式是指外国政府或者油气资源企业与资源国政府或者油气资源企业就资源国的油气勘探、开发、交易和消费事宜进行合作，经过长期实践，逐步形成的比较固定的运作方式。[54]主要可以分为以下几种模式。

1. 油气资源贸易合作模式

随着中国经济总量的提升和能源消费结构的调整变化，中国加大了对石油和天然气的进口量。2017年，中国已经成为世界上最大的石油和天然气进口国，其中油气资源贸易是中国获得油气资源的主要形式。通过国际贸易方式获得油气资源，方式比较灵活，合作对象遍及世界。"一带一路"沿线国家中巨大的油气资源储量和产量缓解了中国油气资源紧缺的局面。中国石油的主要进口来源国是俄罗斯和沙特阿拉伯，天然气的主要进口来源国是卡塔尔和马来西亚。2017年，俄罗斯超过沙特阿拉伯成为中国第一大石油进口来源国，中国从俄罗斯进口石油总量达到 5980 万吨，占中国全年石油进口总量的 14.93%。[55]

2. 油气资源产量分成合作模式

在产量分成合作模式下，承包商承担油气资源的一切勘探和生产费用以及油气资源开采的风险，开发出来的油气资源的所有权和经营权都归资源国政府所有。在此基础上，双方就油气资源的产量分成或者销售收入分成达成一致意见，合作方可以回收成本或者获得盈利，合同期限一般为 30 年。这种合作模式最早起源于 20 世纪 60 年代的印度尼西亚，被世界上的很多油气资源国采用。在中国与"一带一路"沿线国家进行油气资源合作的过程中，2007 年开始启动的土库曼斯坦的阿姆河项目，是中国石油天然气集团有限公司迄今为止境外陆上最大规模的天然气勘探开发合作项目，也是土库曼斯坦与外国油气资源企业签署的唯一陆上区块天然气产量分成合同。[56]

3. 油气资源风险服务合作模式

在风险服务合作模式下，外国的承包商要为资源国的油气资源勘探和油气田开发提供全部资金，并且承担全部风险，开发出来的油气资源的所有权和经营权都归资源国政府所有。这就意味着，如果外国承包商在油气资源勘探过程中没有获得商业发现，那么外国承包商在油气资源勘探过程中产生的所有支出都只能由自己承担。如果在油气资源勘探过程中获得了商业发现，外国承包商就能够获得一定比例的货币服务报酬。这种合作模式最早于 20 世纪 60 年代在伊朗开始使用。2009 年 1 月，中国石油天然气集团有限公司与伊朗签约开发北阿扎德干油田项目，项目以回购模式分两个阶段进行，合同期为 45 个月，其中一期开发成本为 17.6 亿美元。[57]

4. 油气资源合资经营合作模式

合资经营合作模式是指资源国（或者国内油气资源企业）与外国政府（或者外国油气资源企业）共同出资组建一个新公司，来承担油气资源勘探、开发、生产和经营业务。资源国可以以油气资源、固定资产和劳动力入股，外国油气资源企业可以以资金和技术入股，公司的勘探风险、纳税责任和利润由双方按照出资比例或者事先约定共同承担。2016 年，中国华信能源有限公司与哈萨克斯坦国家石油天然气公司签署了以 KMG International N. V. 公司为基础的合资企业组建协议。中国华信能源有限公司与哈萨克斯坦国家石油天然气公司分别持有新建合资公司 49% 和 51% 的股份。[58]

5. 油气资源并购合作模式

并购合作模式是指某些国家或者油气资源企业为了油气资源安全或者全球化战略布局,通过兼并和收购的方式获得资源国油气资源企业的控制权。跨国油气资源企业往往资金实力雄厚,主要采用现金或者有价证券的形式购买另外一家油气资源企业的股票或者资产。油气资源并购合作有助于并购企业更加迅捷、低成本地获得世界范围内的油气资源,获得企业竞争优势。2005 年,中国石油天然气集团有限公司通过其旗下全资子公司——中国石油国际事业有限公司出资 41.8 亿美元,100% 收购了哈萨克斯坦 PK 石油公司,PK 石油公司年原油生产能力超过 700 万吨。[59]

6. 贷款换油气资源合作模式

受到世界范围内金融危机的影响,世界经济发展下行压力增大,石油和天然气价格持续下跌。很多油气资源丰富的新兴国家民众收入水平下降,油气资源等能源企业普遍缺乏运营资金,国家也缺少资金来刺激经济增长,造成了这些油气资源企业对国际资金的强烈需求。与此同时,中国有着比较丰裕的外汇储备,而且中国对于油气资源的需求日益增大。在此背景下,贷款换油气资源合作模式应运而生。中国动用外汇储备向资源国的油气资源开发和生产领域提供贷款,贷款以资源国的油气资源为抵押,中国按一定价格购买石油或者天然气产量作为投资回报。这是一种具有中国特色的油气资源合作模式。2009 年 2 月,中国石油天然气集团有限公司与俄罗斯石油公司签署了一揽子能源合作协议。协议规定,中国向俄罗斯提供总计 250 亿美元的长期贷款,俄罗斯以石油作为抵押,从 2011 年起至 2030 年止,按照每年 1500 万吨的规模,通过管道向中国供应总计 3 亿吨石油。[60]

2.3　中国与"一带一路"沿线国家油气资源合作现状

2.3.1　中国与蒙古国油气资源合作

蒙古国的石油探明储量约为 60 亿桶[2]，与中国开展的油气资源合作很大程度上是与两国的经济互补性和地缘性优势密切相关的。"一带一路"倡议对两国来说都是良好的发展契机，是展开油气等能源合作的基础。近年来，中国是蒙古国最大的贸易往来国和投资来源国，两国基于"一带一路"倡议所展开的积极合作，呈现出双赢的局面，为蒙古国和中国的合作发展注入了新的活力。

1985 年，中蒙两国开始边境贸易；到 1998 年，中国已经成为蒙古国第一大投资国。[61]从 20 世纪 90 年代初开始，蒙古国的南部发现了 13 个较大的石油盆地，且油质自流指数比较高。[62]2005 年，中国石油大庆油田有限责任公司购买了蒙古国东方省的塔姆萨格石油矿区，成为入驻蒙古国的第一家中国企业，正式开始在蒙古国的石油勘探工作。到 2014 年，该公司在蒙古国石油方面的投资已经达到 17 亿元。2007 年 2 月，中国企业古尔登海石油有限责任公司在蒙古国东戈壁省的 15 个矿区与蒙古国政府签订了产品分成合同。2007—2011 年，古尔登海石油有限责任公司累计投资 5190 万美元。[63]2017 年以后，中蒙两国进一步加深石油领域的合作，中国已经成为蒙古国石油开发行业中最重要的合作伙伴。[64]

2.3.2　中国与中亚国家油气资源合作

中亚地区是世界上油气资源最为丰富的地区之一，油气资源主要分布在里海海域及其周围的陆地地区，天然气储量尤其丰富。与中国有油气资源合作业务的中亚国家包括乌兹别克斯坦、哈萨克斯坦、塔吉克斯坦、吉尔吉斯斯坦和土库曼斯坦 5 个国家。

1. 乌兹别克斯坦

乌兹别克斯坦共和国天然气蕴藏丰富，2017 年，中国从乌兹别克斯坦进口的天然气金额约为 6.9 亿美元，占中国自乌兹别克斯坦进口额的 42.9%，同比增长 85.5%。[65]随着中乌两国战略互信的加深，中国油气资源企业在乌兹别克斯坦的油气投资越发广泛和深入，从初始时期向乌兹别克斯坦的油气开发企业单纯地提供技术服务，逐渐发展到现在全面参与乌兹别克斯坦油气田的开发和勘探工作。

2006 年，中国石油天然气集团有限公司与乌兹别克斯坦国家油气公司签署了《乌兹别克斯坦五个区块进行油气勘探的协定》，首次进入乌兹别克斯坦石油勘探领域。2011 年，中国石油天然气集团有限公司与乌兹别克斯坦国家油气公司签署了关于生产丁二烯橡胶与扩大油气领域合作的谅解备忘录。[66]2016 年 6 月，中国国家主席习近平对乌兹别克斯坦进行国事访问期间，同乌兹别克斯坦首任总统卡里莫夫共同决定把中乌关系提升为全面战略伙伴关系，标志着两国关系发展进入快车道。2017 年，中国石油天然气集团有限公司投资 6 亿美元，在乌兹别克斯坦的布哈拉—希瓦油区油田开始进行勘探和开发。[67]2017 年 11 月，中乌天然气管道新布哈拉调控中心项目正式开工建设。[68]

2. 哈萨克斯坦

哈萨克斯坦共和国是世界上最大的内陆国家，地处亚洲和欧洲联系的战略通道上，地缘优势明显。哈萨克斯坦的石油探明储量位居世界第七位，同时与中国的新疆自治区接壤，与中国在油气资源合作方面有着天然的地理优势。[69]中哈在"一带一路"倡议的推动下，签订了一系列合作协议，尤其是油气资源等能源合作不断深化。

在油气资源合作过程中，中国石油天然气集团有限公司最早进入哈萨克斯坦。1997 年，中国石油天然气集团有限公司收购了哈萨克斯坦北布扎奇油田，同时获得了哈萨克斯坦阿克纠宾石油公司 60.3% 的股权。2002 年，中国石油天然气集团有限公司与哈萨克斯坦国家油气公司共同出资修建了总长度为 448 千米的中哈原油管线的首段肯基亚克—阿特劳段。2006 年，中哈原油管道全线贯通，正式投入商业运营。2007 年，中哈原油管道二期工程开工建设，同年，中亚天然气管道长达 1300 千米的中国—哈萨克斯坦段开工建设。[70]2010 年，中哈天然气管道二期工程开工建设。2011 年，中哈天然气管道二期工程主体管线开工建设。2012 年，中亚天然气管道 A/B 线沿线哈萨克斯坦境内的压气站全部建成投入运营。[71]

3. 塔吉克斯坦

塔吉克斯坦共和国与中国毗邻，是中亚五国中面积最小的内陆国家。塔吉克斯坦油气资源极度缺乏，其石油、天然气等以进口为主。塔吉克斯坦处于东亚、南亚、中亚和西亚四个地区的交会处，有利于发展陆路运输，天然气是该国管道运输的主要介质。[72]

2012 年 7 月，特提斯石油公司在塔吉克斯坦探明超大油气田，预计储量达 275 亿桶，天然气占比 69%。2013 年 6 月，由中国石油天然气集团有限公司、道达尔、库洛布公司成立的塔吉克斯坦联合作业公司开始运行。[73]2014 年 4 月，中国石油集团东方地球物理勘探有限责任公司成功中标第一期地震勘探工作。2014 年，中国—中亚天然气管道 D 线在塔吉克斯坦开始铺设作业。全长 1000 千米、具有年输送 300 亿立方米天然气能力的 D 线把天然气从位于土库曼斯坦的巨型气田——Galkynysh 气田输送到中国。[74]2015 年，中国山东东营和力投资发展有限公司在塔吉克斯坦丹格拉自由经济开发区建设 120 万吨石化产品的项目获批。[75]

4. 吉尔吉斯斯坦

吉尔吉斯斯坦共和国和中国西部地区接壤，有着开展经济合作的天然地理优势。但是吉尔吉斯斯坦的沉积盆地面积较小，油气资源蕴藏量也较少。近年来，随着"一带一路"倡议的推进，中吉两国之间的国际贸易逐渐升温，中国的油气企业已经进入吉尔吉斯斯坦，加速推动两国的油气资源合作。

2002 年，中国石油天然气集团有限公司与吉尔吉斯斯坦国家石油天然气公司签署开展石油领域双边合作的协议。与此同时，中国石油化工集团有限公司于 2002 年 6 月、8 月获得了吉尔吉斯斯坦马利苏四—依兹巴斯肯特油田开发 126 平方千米勘探转开发许可证和阿拉伊盆地 6000 平方千米的勘探许可证，两个项目总投资约 5700 万美元。[76]2011 年，中国企业陕西延长石油（集团）有限责任公司获取了吉尔吉斯斯坦 11 个勘探开发区域的勘探许可证，面积达 1.1 万平方千米。2014 年，中国元方集团出资 1500 万美元，全额收购了吉尔吉斯斯坦格拉芙股份有限公司 100% 的股份，并获得其名下的两块油气田的所有权。2015 年，中国中亚能源有限责任公司在吉尔吉斯斯坦投资 4.5 亿美元，开始运营中大中国石油公司炼油项目。[77]

5. 土库曼斯坦

土库曼斯坦是中亚地区最大的天然气生产国，天然气的探明储量高达 17.5 万亿立方米，约占世界天然气探明总储量的 9.3%，位居世界第四位。土库曼斯坦是中国最大的天然气进口来源国，由于土库曼斯坦和中国并不接壤，出口到中国的天然气主要通过管道方式输送到中国。[78]

2007 年，中土两国开启天然气能源合作，中国石油天然气集团有限公司投资的土库曼斯坦阿姆河右岸天然气项目启动。2011 年，阿姆河天然气第二处理厂开工建设。2014 年，土库曼斯坦巴格德雷合同区第二天然气处理厂竣工投产。2015 年，阿姆河鲍坦乌气田成功投产。2017 年 11 月，土库曼斯坦阿姆河天然气公司 A 区萨曼杰佩气田增压工程一期一阶段 4 台压缩机组顺利投产，逐步完成了中亚—中国天然气管道改扩建工程。天然气管道扩建的目的就是将哈萨克斯坦西部油气田的天然气送往其东南部国家和中国，该管道可与已建成的中亚—中国天然气管道（A/B/C 线）相连接。截至 2017 年年底，来自土库曼斯坦阿姆河右岸的天然气已累计向中国输送了 627 亿立方米。[79]

2.3.3 中国与南亚国家油气资源合作

与中国有油气资源合作业务的南亚国家包括印度、孟加拉国、巴基斯坦和阿富汗 4 个国家。

1. 印度

印度共和国是南亚地区最大的国家，油气资源蕴藏量较为贫乏，其油气资源开发的主要油气田位于东北部的 Assam - Arakan 盆地和西部的孟买海上盆地[80]。2005 年以来，印度陆续在东南部发现了 Krishna - Godawari 海上油气田和 Cauvery 油气田，以及在西北部发现了 Rajasthan 和 Cambaty 油气田[81、82]。由于经济发展的相似性，中国油气企业与印度的企业之间存在着既竞争又合作的双重关系。

2005 年 1 月，在新德里召开的首届"亚洲石油经济合作部长级圆桌会议"期间，印度与中国达成油气资源合作意愿。[83]同年 12 月，中国石油天然气集团有限公司与印度石油天然气公司联手以 5.78 亿美元收购了加拿大石油公司持有的叙利亚艾尔—福瑞特石油公司 38%的股权，迈出了中印能源合作实质性的一步。[84]2006 年，中印签署了中印能源领域合作的第一份正式文件——《加强石油与天然气合作备忘录》。[85]2012 年，中国石油天然气集团有限公司与印度石油天然气公司签署协议，同意继续双方在勘探等方面的合作协定。截至 2017 年年底，中国和印度已经在加拿大、哥伦比亚、苏丹和缅甸等国建立了油气资源合作项目。[86]

2. 孟加拉国

孟加拉人民共和国是南亚地区产气大国之一。孟加拉盆地覆盖了该国绝大多数的领土，该国对该盆地的勘探力度不断加大，油气勘探成功率较高，现已发现 27 个气田。[87]受技术和开发成本的限制，孟加拉国的天然气探明储量还不明确，当前世界多个石油公司对孟加拉国的天然气储量的估计差距较大。由于孟加拉国国内人口众多，其生产的天然气全部用于国内的消费。[88]

1983 年，中国的油气资源企业开始在孟加拉国开展投资和合作业务，业务范围主要涉及石油化工等领域。2004 年，中孟两国贸易总额仅为 19.63 亿美元，但已经开创了历史新高。2016 年，中国石油天然气管道局与孟加拉国能源部门签署协议，建设单点系泊系统及双管道项目，项目资金 5 亿美元，由中国进出口银行提供资金援助。该项目建成后燃油卸载时间由原来的 11 天缩短至 2.5 天，燃油成本每升将降低约 0.12 美元。同时，该项目也将降低漏油风险，保护环境。[89]

3. 巴基斯坦

巴基斯坦伊斯兰共和国和中国接壤，与中国油气资源合作地理位置优势明显。随着油气资源探测技术的发展，巴基斯坦的油气资源探明储量大幅度增加。到 2017 年，巴基斯坦的石油探明蕴藏量为 2270 亿桶，现有技术条件下可开采量为 91 亿桶；天然气探明储量为 16.6 万亿立方米，可开采量为 3 万亿立方米。[90]

2010 年，中国联合能源集团有限公司投资 7.75 亿美元收购了英国石油公司（BP）在巴基斯坦石油及天然气业务的全部权益，加速了与巴基斯坦的油气资源合作进程。2015 年，中巴启动中巴经济走廊项目，为全方位推动巴基斯坦经济发展打下了良好基础，也给中巴油气资源合作带来了更加美好的前景。2017 年，中巴两国就双方油气资源合作领域达成重要共识，深入推进中国联合能源集团有限公司在巴基斯坦的油气资源开采和加工业务。[91]

4. 阿富汗

阿富汗是一个内陆国家，坐落在亚洲的中心地带。在该国境内的阿姆河盆地已发现 6 个油田和 7 个气田。[92]根据美国地质勘探局的调查数据，该国油气资源主要分布于西部和北部地区，南部和东南部地区也存在少量石油和天然气储量。1989 年苏联撤出阿富汗后，该国石油工业基本停滞。[93]

中阿两国油气资源合作有市场与资源互相补充的特点，合作空间非常广阔。2011 年，中国石油天然气集团有限公司成功竞标阿姆达利亚油田的开采权，阿富汗矿业部门和中国石油天然气集团有限公司就该项目相关细节达成协议，双方分别报请阿富汗内阁和中国政府的批准，到 2011 年 12 月底开始进入合作开发。2013 年 10 月，中国石油天然气集团有限公司投资的阿富汗北部阿姆达利亚油田项目举行投产仪式，日产量 1950 桶，年产量 150 万桶。[94]

2.3.4　中国与东南亚国家油气资源合作

与中国有油气资源合作业务的东南亚国家包括泰国、新加坡、马来西亚、缅甸、文莱、菲律宾和印度尼西亚 7 个国家。

1. 泰国

泰国对于油气资源的勘探从 19 世纪中期开始，到了 20 世纪 80 年代，泰国在内陆和泰国湾陆续发现了石油和天然气。由于石油和天然气的蕴藏量较低，虽然泰国的油气加工处于满负荷状态，但还是需要大量进口石油和天然气。

2008 年 6 月，我国云南省与泰国签订了《中国云南蔬菜换取泰国成品油易货贸易协议》。协议的主要内容为：利用澜沧江—湄公河水路，云南省向泰国出口 1000 万吨蔬菜，进口 50 万吨成品油，贸易额总价值为 2 亿美元。[95]2009 年 8 月，中国商务部批准下达云南省 11 万吨成品油进口指标，支持滇泰蔬菜换成品油的贸易。2014 年 10 月，中国石油集团海洋工程有限公司与泰国国家石油公司正式签订缅甸 Zawtika Phase 1B 项目 EPCI（设计、采购、建造和安装）总包合同，合同金额达 3.67 亿美元，是其目前最大的海外 EPCI 总包合同。[96]2015 年，中国石油天然气管道局首次中标泰国的气压站项目，该项目于 2015 年 1 月开工，合同金额达 1.88 亿美元。[97]2017 年3 月，由中国石油工程建设公司与泰国当地公司组成联合体承揽的泰国PTP – NM 天然气管线项目举行交工仪式。[98,99]

2. 新加坡

新加坡共和国的国土面积不大，但由于扼守马六甲海峡，且连接着中国南海和印度洋，欧美许多国家都把新加坡当作进入亚洲市场的一个重要跳板。新加坡利用自身的优势，很好地将石油贸易与运输的中转相互结合起来，成为世界上仅次于上海的第二大国际港口。[100]

中新双方都从"一带一路"倡议中受益。2011 年，中国石油化工集团有限公司在新加坡建立润滑油公司，在推动润滑油业务国际化发展的同时，还为当地的经济发展做出了重要贡献。自从在新加坡建厂以来，中国石化润滑油公司累计带动当地 GDP 增长 4100 万美元，税收增长 700 万美元，带动当地就业增长 118 人次，累计与周边国家国际贸易额达到 6.84 亿美元。[101]

3. 马来西亚

马来西亚油气储量丰富，石油探明储量达 36 亿桶，天然气探明储量达1.2 万亿立方米，是东南亚第二大油气生产国。中国与马来西亚具有良好的合作基础与较强的产业互补性，具有较大的合作空间。在中国提出与"一带一路"沿线国家进行油气资源合作的倡议后，马来西亚率先做出响应，积极参与，是中国重要的油气资源合作伙伴。[102]

2003 年，中国和马来西亚的石油与天然气交易额分别达到 79194 万美元和 16050 万美元。2010 年 1 月，中国石油天然气集团有限公司和马来西亚石油公司与包括道达尔（法国）、南方石油（伊拉克）在内的多家石油公司开展合作。同年，中国还与米桑石油公司（伊拉克）签订哈法亚油田开发生产协议，这是中国与道达尔、马来西亚石油公司共同开展的又一项石油合作业务。2012 年，中国和马来西亚之间的交易额为 900.3 亿美元，比上年增长了 21.3%，其中中国从马来西亚进口原油共计达到 621.4 亿美元。[103]

4. 缅甸

缅甸联邦共和国油气资源比较丰富，根据国际能源机构的预测，到 2030 年，缅甸的天然气产量将增至 150 亿立方米。中国是缅甸最大的贸易伙伴、出口市场和进口来源国。截至 2016 年年底，中国对缅甸的直接投资额达到 2.88 亿美元。[104]中国企业在缅甸的投资主要集中在油气资源勘探开发、油气管道建设等领域。

在中国与缅甸的油气资源合作中，由于缅甸缺乏开采技术，油气开采能力有限，中国在 2003 年向缅甸输出的石油及天然气贸易额分别达到 4487 万美元、27 万美元。[105]2005 年 1 月，中国海洋石油集团有限公司在缅甸设立的三家子公司分别同缅甸能源部下设的石油和天然气公司签署了关于共同开发缅甸三个区块油田的协议。同年 8 月，中国石油化工集团有限公司和缅甸国家石油天然气公司在缅甸开展了第一个油气资源合作勘探项目。2005 年 11 月，中国海洋油田服务公司与缅甸国际公司签署了石油钻探服务协议。[106、107]2009 年 12 月，中缅油气管道的建设有了巨大进展，中缅双方明确了中缅输油管道的权利和义务，并确定了中国石油天然气集团有限公司作为中缅原油管道建设运营控制方的权利和义务。[108]2013 年，中缅油气管道正式向中国输送天然气。2015 年 1 月，中缅原油管道试投产暨马德岛港开港投运，成功接卸第一船原油。2017 年，中缅原油管道首次开始了境外石油输送[109]，这对于中缅两国的石油合作来说是一次重大的突破性成就。

5. 文莱

文莱达鲁萨兰国的石油储量和产量在东南亚国家中仅次于印度尼西亚，其经济发展以石油和天然气作为支柱产业[110]。

自 20 世纪 80 年代起，中国和文莱就开始开展石油贸易。2000 年，中文两国石油贸易量达到 28 万吨，金额达 6135 万美元。2001 年，中国从文莱进口石油 75.39 万吨，在 2002 年达到 129.58 万吨，到了 2003 年达到 135.85 万吨。[111]2011 年，中文两国政府就商业、炼油、石化及公私领域达成了合作协议，为两国深化能源合作奠定了一定的基础。2014 年 11 月，在中国和文莱两国领导人会见时，中方领导人强调，中国将与文莱进一步加强油气资源上下游产业的开发，中国政府将鼓励中国企业对文莱进行投资，愿与文莱加强海上合作，尽快在南海的共同开发中取得实质性进展。同年，中国为文莱建造了 6 座新平台进行油气勘探与开发。[112]

6. 菲律宾

菲律宾共和国毗邻中国南海，石油资源短缺，严重依赖进口。但该国的天然气资源比较丰富，几乎所有的天然气资源均位于中国南海九段线附近的马拉帕亚天然气田。菲律宾的油气勘探由菲律宾国家石油公司主导，其将油气资源的开发范围逐渐转向位于中国南海领域的桑帕吉塔油气田。[113]

中国和菲律宾最早的油气资源合作起源于 20 世纪 70 年代末，1978 年中菲两国就签订了原油长期合作协议。2003 年 11 月，中国海洋石油集团有限公司与菲律宾国家石油勘探公司开展合作，为两国的油气资源开采合作奠定了基础。2004 年 9 月，中国海洋石油集团有限公司与菲律宾国家石油勘探公司共同签署了《在南中国海特定区域进行联合海洋地震研究的协议》。[114]2005 年 3 月，中国、菲律宾和越南的三家油气公司在菲律宾首都马尼拉签署了《在南中国海协议区三方联合海洋地震工作协议》。[115]近些年来，由于中菲两国在中国南海问题上存在分歧，两国之间的油气资源合作出现了停滞。2017 年，中国政府表示，在达成最终海上问题解决之前，中国和菲律宾可以共同搞一些油气开发，实现中菲两国能源合作的双赢。[116]

7. 印度尼西亚

印度尼西亚共和国曾经是欧佩克成员国，是东南亚国家中油气资源最为丰富的国家。印度尼西亚地理位置优越，同时与中国相邻，因此很早就与中国开展了油气资源的各项合作，也是中国最早在海外开采的第一批石油来源国。

2002 年，中国海洋石油集团有限公司投资 5.85 亿美元，收购了西班牙瑞普索公司在印度尼西亚的一部分原油权益，每年获得 4000 万桶的原油份额。[117]2003 年 2 月，中国海洋石油集团有限公司投资 9810 万美元收购了英国天然气集团在印尼的权益，总权益从原有的 44% 增加到 64.77%。同年 4 月，中国海洋石油集团有限公司再次与马来西亚国家石油公司进行合作，成功收购了美国在印度尼西亚的子公司，并为其投资 1.64 亿美元，获得了 45% 的股份。2008 年，中国向印度尼西亚的石油开采公司投资 240 亿元人民币，共同开发福建省液化天然气总体项目。2009 年，中国石油企业在印度尼西亚投资 6.39 亿美元，勘探的油井数增加到了 21 个。[118]2010 年年初，中国石油化工集团有限公司与印度尼西亚国家石油公司签署合资协议，在印度尼西亚东爪哇共同兴建炼油厂。2010 年 12 月，中国石油化工集团有限公司投资 6.8 亿美元，收购了美国雪佛龙公司在印度尼西亚深水气田 18% 的股权。[119]2014 年，中国从印度尼西亚进口了总量为 54853.6 吨的天然气，占中国当年天然气进口总量的 8.9%。2017 年，中国石油天然气集团有限公司与印度尼西亚国家石油公司签署谅解备忘录，进一步推动两国之间的油气资源合作向更深、更高层次发展。[120、121]

2.3.5 中国与西亚北非国家油气资源合作

与中国有油气资源合作业务的西亚北非国家包括阿曼、阿拉伯联合酋长国、卡塔尔、科威特、埃及、伊朗、伊拉克、叙利亚和沙特阿拉伯 9 个国家。

1. 阿曼

阿曼苏丹国地处阿拉伯半岛，其石油探明储量为 55 亿桶，产量居世界第 22 位；天然气探明储量为 8500 亿立方米，产量居世界第 16 位。该国油气资源分布较广，主要分布在该国的北方地区和中部地区。[122]

中国与阿曼开展油气资源合作的历史久远，1989 年，阿曼成为首个向中国出口石油的阿拉伯国家。1993 年，中国成为阿曼第三大石油进口国。1996 年，中国从阿曼进口的原油数量从 1995 年的 730 万桶提高到 3650 万桶。2000 年，中国从阿曼进口的原油量达到 1566.1 万吨。2002 年 4 月，中国石油天然气集团有限公司与阿曼穆巴石油服务公司签署了获得 5 块油田 50% 权益的分成合同[123]；2004 年 10 月，中国石油化工集团公司中原石油勘探局获得阿曼 2 块油气田的油气勘探开发项目管理权[124]。2005 年 6 月，中国与阿曼就油气开发、油气产业下游项目等油气资源领域的投资合作签署谅解备忘录，进一步推动了中阿两国的油气资源合作。[125]2007 年 4 月，阿曼首次向中国出口液化天然气。同年 7 月，中国与阿曼国家石油公司成立合资公司并开展油气业务，把中东地区的液化石油气和液化天然气运输到中国国内。[126]2016 年 6 月，中国石油天然气集团有限公司中标的阿曼赖苏特终端改造工程总承包项目开工建设。[127]

2. 阿拉伯联合酋长国

阿拉伯联合酋长国油气资源十分丰富，截至 2017 年年底，阿联酋原油探明剩余可采储量为 9.8 万亿桶，位居世界第 8 位。[2]阿联酋是中国前十大原油进口国之一，也是中国在阿拉伯世界最大的出口市场和第二大贸易伙伴。阿联酋于 1958 年在乌姆沙伊夫海底发现石油，1962 年开始原油出口。[121]阿联酋在 1971 年取得独立之后，石油生产和化石工业得到长足发展，形成了以此为主的单一石油经济阶段，石油生产收入一度占到 GDP 的 80% 以上，85% 以上的政府财政收入依靠石油产业。[128]

2004 年，中国从阿联酋的原油进口量达到 134.4 万吨，较 2003 年的 86.4 万吨增长了 55.6%。到 2014 年，中国从阿联酋的原油进口量已经增加至 11652.1 万吨。2006 年 3 月，中国石油化工集团有限公司进入阿联酋，与阿方联合开发乌姆盖万海上气田。2008 年 11 月，中国石油天然气集团有限公司投资 34.67 亿美元，开工建设阿联酋阿布扎比原油管线项目，2012 年 7 月原油管线顺利投产。2009 年、2013 年和 2015 年，中国石油天然气集团有限公司分别三次与阿联酋国家钻井公司签订价值共计 56 亿元人民币的钻机设备出口合同。[124]2012 年 1 月，中国与阿联酋建立战略伙伴关系，双方进一步深化了在油气资源勘探开发、炼油化工和储运设施建设等领域的合作[129]；2015 年 12 月，中国石油天然气集团有限公司与阿方签署了在阿联酋境外陆上常规项目、海上项目和液化天然气相关项目服务等领域开展合作的战略合作协议。[130]2017 年 2 月，中国华信能源有限公司投资 18 亿美元，获得了阿布扎比陆上租让合同区块 4% 的权益，合同期为 40 年。[131]

3. 卡塔尔

卡塔尔是欧佩克成员国，油气储量丰富，其中天然气储量仅次于俄罗斯和伊朗，位居世界第三位，是世界上最大的液化天然气出口国。[132]1988 年中国与卡塔尔建交，双边贸易日益密切。在"一带一路"倡议的推动下，中国与卡塔尔油气资源合作逐渐深入，已经成为卡塔尔第二大天然气进口国。[133]

2008 年 3 月，中国政府与卡塔尔政府签订了关于加强油气资源合作的谅解备忘录，两国的油气企业同时签署合作意向书。同年 4 月，中国石油天然气集团有限公司与卡塔尔液化天然气公司、壳牌集团签署了长达 25 年的销售和购买液化天然气协议，卡塔尔承诺每年向中国市场供应 300 万吨液化天然气，同时，中卡双方还签署了中卡企业在油气资源领域开展战略合作的谅解备忘录。[134]2014 年 11 月，中卡两国确立了油气能源与替代能源领域长期全面的战略合作关系，双方强调加强油气资源开采和加工领域的合作。[135]

4. 科威特

科威特是欧佩克的重要成员国，其油气资源储量丰富，拥有全球约 10% 的石油储藏量，位居世界第四位，天然气储量也高达 1.5 万亿立方米。[2]科威特是最早同中国建交的海湾阿拉伯国家，两国于 1971 年正式建立外交关系。近年来，中科两国的油气资源合作获得了较快发展。

从 1994 年开始，中国从科威特进口成品油。2004 年 7 月，中科双方签署了两国在油气领域开展合作的框架协议，扩大了相互的投资和贸易规模。[136]2009 年 10 月，中国石油化工集团有限公司与科威特共同投资 600 亿元,在中国广东建设年炼油能力达 1500 万吨的大型炼油厂,主要业务是加工从科威特进口的石油。[137]2010 年,科威特发布了五年发展规划,目的是要改变科威特长期单一依赖石油的局面。[138]2014 年 6 月,中国石油化工集团有限公司与科威特石油公司签署合作谅解备忘录,继续深化两国在原油贸易及储备、炼化项目、石油与炼化工程服务等领域的合作。2015 年 2 月,科威特公布了最新的五年经济发展规划,批准的重点项目主要为油气项目。2015 年 8 月,中国石油天然气集团有限公司投资 1 亿美元承担的科威特大型过渡带三维勘探项目正式开工建设。[139]

5. 埃及

阿拉伯埃及共和国横跨亚非两洲,扼守苏伊士运河,具有重要的战略地位。19 世纪中叶,埃及就开始了石油的勘探,其尼罗河三角洲地区油气资源储量丰富,目前是非洲第五大油气资源国。[140]埃及是第一个和中国建立外交关系的非洲国家,和中国的经济合作历史悠久。

2002 年,中埃双方签署了油气资源合作框架协议。2003 年,中国石油化工集团有限公司投资参与了埃及油气 C 块区的勘探和开发业务。2004 年,中埃签署了埃及南部 3 个油气区块的合作开发备忘录。[141]2013 年,中国石油化工集团有限公司投资 31 亿美元,收购了美国阿帕奇集团在埃及的 33% 股权,这是中国石油化工集团有限公司第三大规模的收购交易。收购阿帕奇的权益后,中国石油化工集团有限公司在埃及的油气产能大幅增长,2017 年每天平均生产 10 万桶石油,以及 0.1 亿立方米的天然气。[142]

6. 伊朗

伊朗伊斯兰共和国地处西亚,是欧佩克成员国,其石油探明储量位居世界第四位,天然气探明储量排名全球第二位。[2]由于国际上的长期制裁,伊朗很多油气资源的上游项目被延迟或者取消,在一定程度上阻碍了伊朗的经济发展。中国与伊朗油气资源合作主要涉及勘探、钻井、采油、炼油等方面。[143]

2004 年,中国石油化工集团有限公司与伊朗国家石油公司签署合作谅解备忘录。2007 年,中伊两国首次签订石油开采合作协议,双方共同开采雅达瓦兰油田，原油日产量30万桶。2009年，中国石油天然气集团有限公司与伊朗国家石油公司签署北阿扎德甘油田开发回购服务合同，中方权益投资100%。[144]2015年，中国石油化工集团有限公司投资107亿美元在伊朗雅达瓦兰油田实施开采业务，雅达瓦兰油田首期项目实现了8.5万桶石油的日产量，并于2016年4月正式实现原油外输。[145]2016年12月，中国华信能源有限公司与伊朗波斯湾石化集团建立合资公司，实现长期运营，在波斯湾建立两个天然气处理厂。目前中国石油天然气集团有限公司与伊朗油气资源合作的主要项目有北阿扎德甘和南阿扎德甘炼油厂项目。[146]

7. 伊拉克

伊拉克共和国的石油探明储量位居全球第五位，是欧佩克中仅次于沙特阿拉伯的第二大石油生产国。因为伊拉克的地质条件比较简单，所以石油的开发成本较低。伊拉克经历了两伊战争、海湾战争、美伊战争和多次国际制裁，导致其油气资源的开发在1997年之前一度处于停滞状态。[147]

1997年，伊拉克再次开放本国的油气资源市场，以吸引国际油气企业参与该的油气资源勘探和生产。2008年，伊拉克正式大规模开放国内油气资源市场，以公开招标的形式对外进行油气资源开发生产合作。2009年，中国首次正式投资伊拉克油气项目——艾哈代布油田。[148]2016年，伊拉克对中国石油出口额达到100亿美元。[149]2017年，中国石油天然气集团有限公司与伊拉克的油气资源合作以投资油田项目和技术服务为主，具体包括四大项目：中国石油天然气集团有限公司进入伊拉克的第一个合作项目——艾哈代布项目、哈法亚项目、鲁迈拉项目和西古尔纳项目。[150]在参与伊拉克境内米桑油田群的技术服务合同权益中，中国海洋石油集团有限公司拥有63.75%的权益。根据合同，中国海洋石油集团有限公司将担任该油田群的作业者。[151]

8. 叙利亚

阿拉伯叙利亚共和国油气资源的蕴藏量和产量在中东国家中占比较小，但是其位于亚欧非三大洲的交接处，具有极其重要的地缘战略地位。20世纪80年代，叙利亚的石油工业才开始起步。

2003 年，中国石油天然气集团有限公司与叙利亚国家石油公司成功签订格贝贝石油开发生产合同。同年，中国石油天然气集团有限公司与叙利亚国家石油公司正式签署合同，投资 1 亿美元，开展对戈贝比油田为期 23 年的开发生产。2004 年，中国石油天然气集团有限公司与叙利亚共同成立了中叙考卡布石油公司，被叙利亚政府评为"绿色作业公司"。2006 年，格贝贝油田共钻水平井 10 口，投产 9 口，新井平均初产天然气 100 立方米/日。2008 年，中国石油天然气集团有限公司和叙利亚石油矿产资源部签署《中叙合资建设炼厂合作协议》和《中叙石油领域合作框架协议》。[127]2010 年，中国石油天然气集团有限公司收购了壳牌叙利亚油气开发公司 35% 的权益。该公司在叙利亚祖代尔、第四附件和北方三个生产许可证拥有 31.25% 的权益。2011 年以后，由于叙利亚内战，中国油气企业停止了在叙利亚开发项目的所有生产。[152]2016 年，随着叙利亚局势逐渐趋于稳定，中国油气企业逐步恢复了在叙利亚的开发生产，中国石油天然气集团有限公司中标幼发拉底项目。[153]

9. 沙特阿拉伯

沙特阿拉伯王国地处阿拉伯半岛，拥有丰富的油气资源，其中石油储量位列世界第一位，天然气储量仅次于俄罗斯、伊朗和卡塔尔，位列世界第四位。沙特也是世界上油气产量最大的国家。1990 年，中国与沙特建立了外交关系。建交之后，中沙油气资源合作发展迅速，沙特阿拉伯已成为中国最大的石油进口来源国之一（如表 2.1 所示）。[154]

表 2.1　2013—2017 年沙特阿拉伯对中国原油出口量

年份	对中国原油出口量（百万吨）	占中国原油进口量百分比	在中国原油进口来源国中排名
2013	53.9	19%	1
2014	49.7	16%	1
2015	50.5	15%	1
2016	51	13%	2
2017	52.2	12%	2

1999 年，中国与沙特签署了沙特阿拉伯向中国开放油气市场的石油合作协议。2003 年，中国石油化工集团有限公司中标开发沙特阿拉伯勒巴阿地区大型天然气田。同年，中国石化集团上海工程公司及旗下的第二建设公司与荷兰 AK 公司组成联合体中标沙特萨比克公司年产 40 万吨聚乙烯、40 万吨聚丙烯生产装置建设的重大项目。2008 年 3 月，该项目的生产线正式投入使用。[155]2012 年，中国石油化工集团有限公司与沙特签订了延布炼厂合资协议。2016 年，中国石油集团东方地球物理勘探有限责任公司中标价值 3.4 亿美元的沙特阿美公司 S78 大型三维过渡带地震采集项目。[156]

2.3.6 中国与俄罗斯和阿塞拜疆油气资源合作

1. 俄罗斯

俄罗斯联邦横跨欧亚大陆，其油气资源非常丰富。2017 年，俄罗斯石油探明储量位居世界第五位。同时，俄罗斯也是世界天然气储量最为富足的国家之一，天然气资源主要分布在西西伯利亚和东西伯利亚地区，其产量位居世界第一位。俄罗斯与中国接壤，双方油气资源合作具有得天独厚的先天优势，近年来，俄罗斯已经成为中国最大的石油进口来源国。

中国与俄罗斯的油气资源合作自 20 世纪 90 年代开始。2011 年 1 月，中俄石油管道一期工程正式投产。[127]2013 年 3 月，中国政府与俄罗斯政府在莫斯科签署了相关合作协议。同年 6 月，中国石油天然气集团有限公司与俄罗斯石油公司签署了俄罗斯与中国增强原油贸易合作的协议。[157]2014 年，中俄原油管道中国境内漠河—大庆段工程竣工。[158]2014 年 5 月，中俄两国签署了天然气购销项目的合作备忘录，将中国东北和长三角地区视为目标市场。同年 11 月，两国西线天然气供应框架协议正式签署，通过俄罗斯位于西西伯利亚的阿尔泰输气管道供应天然气，与中国的西气东输管道连接，年天然气供应量达到 300 亿立方米。[159]2015 年 7 月，中国华信能源有限公司与俄罗斯天然气石油股份公司签署合作协议，俄罗斯天然气石油股份公司将东西伯利亚地区贝加尔项目三个油田区块股权转让给中国华信能源有限公司，双方共同投资完成开发。2015 年 9 月，中俄签署了 6 项油气资源合作协议。[160]

2018 年 1 月，中俄原油管道二线开始由漠河向大庆林源运输原油，该管道起于黑龙江省漠河县漠河输油站，途经黑龙江、内蒙古两省区，终点位于黑龙江省大庆市林源输油站。该通道进口的石油量现已增加到 3000 万吨。[161] 2018 年 1 月，由中国、俄罗斯和法国共同合作开发的亚马尔液化天然气项目第一条液化天然气生产线正式建成投产，该项目全部建成后可以达到年产液化天然气 1650 万吨和凝析油 100 万吨的生产能力。[162]

2. 阿塞拜疆

阿塞拜疆共和国地处亚欧大陆中心地带，贯通里海、中亚与欧洲等国，地理位置十分重要，有"地缘政治支轴"核心国之称。位于里海上的 Azeri Chirag Guneshli 油气田为该国最大的油田，石油储量达到 50 亿桶，超过阿塞拜疆总储量的 70%。天然气方面，阿塞拜疆天然气探明储藏绝大多数位于 Shah Deniz 油田。该气田于 1999 年被发现，是世界上最大的天然气和凝析油田，位于里海的深水大陆架。[163]

2003 年，中国石油天然气集团有限公司对阿塞拜疆合作投资 1.25 亿美元，与阿塞拜疆合作 KK 项目，2003 年年初投入运作。KK 项目是迄今为止中资企业在阿最大投资项目。[164] 2005 年，中国石油天然气集团有限公司投资 1500 万美元，与阿塞拜疆国家石油公司签订了古布斯坦天然气销售合同，阿塞拜疆古布斯坦项目的工作重点是开发该区块的天然气资源。[165] 2016 年，中国石油化工股份有限公司胜利油田分公司投资 1.2 亿美元，在阿塞拜疆两个陆上油田区块中展开石油开采业务。与胜利油田主体项目相配套的公司如中国石油化工集团胜利石油管理局有限公司阿塞拜疆办事处、阿塞拜疆胜利渤海工程公司、新兴公司也已落户阿塞拜疆，正积极配合主体公司开展工作。2017 年 5 月，中国与阿塞拜疆签署《阿塞拜疆天然气石化项目投融资谅解合作备忘录》。[166]

2.4　本章小结

本章主要结合有关数据和事例，对中国与"一带一路"沿线国家油气资源合作现状进行了全面分析，阐述了"一带一路"倡议对中国油气资源国际合作的重要意义，指出了中国与"一带一路"沿线国家开展油气资源合作的主要领域和模式，并按照地理区域，逐一分析了中国与"一带一路"沿线国家开展油气资源合作的状况。具体内容如下：

（1）"一带一路"倡议对中国油气资源国际合作的重要意义。主要包括为中国油气资源国际合作提供了新平台；为解决中国油气资源国际合作面临的问题开辟了新途径；为重构中国油气资源国际贸易格局提供了重要机遇。

（2）中国与"一带一路"沿线国家油气资源合作的主要领域和模式。在油气资源合作领域方面主要包括加强油气资源合作政策沟通、促进油气资源合作贸易畅通、深化油气资源合作资金融通、加速油气资源合作设施联通、推动油气资源合作民心相通。在油气资源合作模式方面主要包括油气资源贸易合作模式、油气资源产量分成合作模式、油气资源风险服务合作模式、油气资源合资经营合作模式、油气资源并购合作模式、贷款换油气资源合作模式。

（3）中国与"一带一路"沿线国家油气资源合作现状。按照地理区域，分别分析了中国与28个"一带一路"沿线国家的油气资源合作情况：蒙古国；包括乌兹别克斯坦、哈萨克斯坦、塔吉克斯坦、吉尔吉斯斯坦和土库曼斯坦在内的中亚5国；包括印度、孟加拉国、巴基斯坦和阿富汗在内的南亚4国；包括泰国、新加坡、马来西亚、缅甸、文莱、菲律宾和印度尼西亚在内的东南亚7国；包括阿曼、阿拉伯联合酋长国、卡塔尔、科威特、埃及、伊朗、伊拉克、叙利亚和沙特阿拉伯在内的西亚北非9国；俄罗斯和阿塞拜疆。

第3章 中国与"一带一路"沿线国家油气资源合作风险因素识别

中国与"一带一路"沿线国家在油气资源合作方面有着良好的基础和美好的前景，但是由于受政治、经济、文化、历史和宗教等各方面因素的影响，中国政府和企业在与"一带一路"沿线国家开展油气资源合作的过程中，面临着诸多不确定的风险挑战和安全隐患。因此，有必要对中国与"一带一路"沿线国家油气资源合作的风险进行识别和梳理，并查找出形成这些风险的主要因素，让中国政府和企业在与"一带一路"沿线国家开展油气资源合作的过程中适应环境，减少损失，提高效率。

3.1 中国与"一带一路"沿线国家油气资源合作面临的主要风险

中国与"一带一路"沿线国家油气资源合作的风险因素较多，综合国内外学者的相关研究文献，采用德尔菲法和头脑风暴法，汇总出中国与"一带一路"沿线国家油气资源合作面临的风险主要包括政治风险、经济风险、社会安全风险和资源环境与技术风险4大类合作风险。

3.1.1 政治风险

政治风险一直被认为是境外直接投资者长期风险中的首要风险，资源国的政权效率和政治决策会直接给国外投资带来更多的不确定性。国际机制和国际组织规范性功能的发挥造就了现行的国际政治秩序，它既是"一带一路"沿线国家的生存环境，也是"一带一路"沿线国家之间开展油气资源合作的保障环境。"一带一路"沿线地区的部分国家还处在体制转型期和民主探索期，政府频繁更替、政局动荡不安、社会矛盾突出等问题给"一带一路"沿线国家之间开展合作带来了一系列的政治风险。很多"一带一路"沿线的相邻国家还存在领土争端，这进一步加剧了政治上的风险。除此以外，油气资源合作还面临着现行国际规则的约束、别国的恶意干扰和竞争、一些国际反华势力的破坏等风险。中国与"一带一路"沿线国家开放交往过程中，建立了不同层次的国家关系（如表3.1所示），国家关系的强弱带来的政治风险也会对中国政府和油气资源企业与这些国家的油气资源合作产生影响。

表3.1　中国与"一带一路"沿线国家的关系种类

关系类别	关系层次	国家
全面战略伙伴关系	全天候战略合作伙伴关系	巴基斯坦
	全面战略协作伙伴关系	俄罗斯
	全面战略合作伙伴关系	缅甸、泰国
	全面战略伙伴关系	哈萨克斯坦、印度尼西亚、马来西亚、蒙古国、埃及、伊朗
战略伙伴关系	战略合作伙伴关系	印度、阿富汗
	战略伙伴关系	阿曼、阿联酋、吉尔吉斯斯坦、乌兹别克斯坦、土库曼斯坦、塔吉克斯坦、科威特、伊拉克、卡塔尔
	战略合作关系	沙特阿拉伯、菲律宾、文莱
全面合作伙伴关系	更加紧密的全面友好合作伙伴关系	孟加拉国
	与时俱进的全方位合作伙伴关系	新加坡
非伙伴关系	友好关系	叙利亚、阿塞拜疆

　　具体而言，例如，中亚地区的油气资源分布格局非常复杂。中亚各国之间围绕油气资源相互之间开展的合作与竞争一直比较丰富，加之俄罗斯、欧

盟、美国等国家和地区对中亚地区油气资源发展的干预，给中国与中亚国家的油气资源合作带来了一些影响。在很长一段时间里，俄罗斯（苏联）在中亚地区的油气资源生产、运输与分销网络方面拥有话语权，使得中亚地区的政局一度变得更为复杂和敏感。在这种情况下，中国和中亚国家开展油气资源合作就必须顾及各方面的影响，要更加小心翼翼。[167]埃及国家治理能力较弱，宗教势力、军方以及亲西方民主各团体之间利益冲突和观念的差异较大。目前埃及局势虽已渐趋稳定，但这种稳定在一定程度上依赖于现任政府的高压政策，同时埃及政府的工作效率偏低，腐败现象较为严重，这些都给中埃双方开展油气资源合作带来了风险挑战和安全隐患。泰国政治局势的不稳定是阻碍中泰之间油气资源合作的一个重要原因，执政政府的频繁更迭，使双方开展的油气资源合作项目难以继续或者是被迫终止，油气资源合作的预期成效大打折扣。伊拉克石油行业面临多重问题，包括体制、人力资源和地缘政治挑战等，使得中伊双方油气资源合作的阻碍很大。阿塞拜疆地缘政治的不稳定性是中阿双方油气资源合作的主要风险之一。[168]

3.1.2　经济风险

"一带一路"沿线国家经济发展不均衡，各国对于开展油气资源国际合作的态度也表现不一。2008 年全面爆发的世界金融危机使世界各国的经济面临巨大的下行压力，各国为了保护本国的经济利益，纷纷采取了各种贸易保护措施，导致国际油气资源的合作主体发生了变化。中国、印度、俄罗斯等新兴国家在国际油气资源合作领域的话语权不断扩大，冲击了美国在此领域的长期垄断和领导地位。美国的贸易保护政策进一步减缓了世界经济复苏的速度，一些国家提高了针对中国政府和油气资源企业的贸易壁垒，使中国在国际油气资源合作过程中面临的风险逐渐加大。[169]"一带一路"沿线国家在油气资源招商引资力度、开办企业的难易程度、办理施工许可证的便捷程度、获得电力的方便性、登记财产的便利度、获得信贷的难易程度、保护中小投资者的力度、纳税的合理比例、跨境贸易的便捷性、执行合同和办理破产的壁垒等营商环境方面的差异（如表 3.2 所示），给中国的投资者带来了不同的合作风险。

表 3.2 2017 年与中国进行油气资源合作的"一带一路"沿线国家营商环境

国家	营商环境指数	营商环境排名
新加坡	84.57	1
阿联酋	78.73	2
马来西亚	78.43	3
泰国	77.44	4
俄罗斯	75.5	5
哈萨克斯坦	75.44	6
文莱	70.6	7
阿塞拜疆	70.19	8
蒙古国	69.03	9
阿曼	67.2	10
印度尼西亚	66.47	11
乌兹别克斯坦	66.33	12
吉尔吉斯斯坦	65.7	13
卡塔尔	64.86	14
土库曼斯坦	63.12	15
沙特阿拉伯	62.5	16
科威特	61.23	17
印度	60.76	18
菲律宾	58.74	19
塔吉克斯坦	56.86	20
伊朗	56.48	21
埃及	56.22	22
巴基斯坦	51.65	23
伊拉克	44.87	24

国家	营商环境指数	营商环境排名
缅甸	44.21	25
叙利亚	41.55	26
孟加拉国	40.99	27
阿富汗	36.19	28

具体到国家而言，例如，阿曼政府对油气资源国际合作项目每阶段审批的时间不一致，导致投资计划审批的时间差异极大，使得项目常常无法在预期时间内完成审批。蒙古国对外来的油气资源合作投资项目有着严格的法律限制，客观上提高了中国企业对其进行油气资源合作投资的标准，加大了中国企业投资的风险，削减了中资机构对蒙古国的油气资源合作的投资信心。[170]

3.1.3　社会安全风险

发展滞后、社会动荡、治安欠佳等问题是部分与中国有着油气资源合作业务的"一带一路"沿线国家的先天缺陷和不足。社会制度和历史传承等多方面的因素使得"一带一路"沿线不少国家都存在经济发展缓慢、贪污腐败严重、两极分化加剧、民生问题突出等问题，进一步加剧了社会安全隐患。近些年来，恐怖主义事件在"一带一路"沿线国家频频发生，给中国与"一带一路"沿线国家开展油气资源合作蒙上了阴影。

具体到国家而言，例如，自1978年阿富汗民主共和国成立以来，阿富汗局势长期动荡不安，其间先后发生了与苏联的战争、长达7年的内战和其他战争等。阿富汗国内恐怖主义猖獗，各类恐怖组织层出不穷，加之该国政府缺乏开展国际经贸合作的经验，使得在阿富汗进行国际投资受到诸多限制，给中国与阿富汗开展油气资源合作带来了很大的风险。受到邻国阿富汗的影响，巴基斯坦的民族矛盾也比较突出，加上政府对社会秩序控制能力的下降，恐怖主义事件也呈多发态势。孟加拉国的农业人口占全国人口的80%，经济发展基础较差，是全世界最不发达的国家之一，众多的人口也带来了社会治安的混乱，给中国与该国合作开发油气资源增加了难度。叙利亚目前还处于战争状态，国内的很多城市已经是一片废墟，社会治安环境极其恶劣，在这种情况下，中国与叙利亚开展油气资源合作的风险太大，必须采取非常谨慎的态度对待中叙双方的油气资源合作。总体来看，目前中国不适宜与叙利亚开展油气资源合作。

3.1.4 资源环境与技术风险

"一带一路"沿线国家油气资源分布很不均衡。卡塔尔、沙特阿拉伯、土库曼斯坦和哈萨克斯坦等国的油气储量非常大，而新加坡、孟加拉国、塔吉克斯坦等国的油气储量很少（如表 3.3 所示）。[171] 各国油气资源埋藏深度的不同和基础设施建设的差异性，也造成了油气资源开采难度和运输成本的不同。

表 3.3 与中国进行油气资源合作的"一带一路"沿线国家油气储量（2017 年数据）

国家	油气储量（10 亿桶）	油气储量排名
卡塔尔	426.27	1
伊朗	378.52	2
俄罗斯	324.63	3
伊拉克	177.31	4
阿联酋	137.88	5
土库曼斯坦	115.59	6
科威特	113.33	7
沙特阿拉伯	80.39	8
哈萨克斯坦	36.57	9
埃及	26.5	10
印度尼西亚	21.7	11
阿塞拜疆	14.23	12
印度	12.58	13
马来西亚	11.48	14

续表

国家	油气储量（10 亿桶）	油气储量排名
阿曼	10	15
蒙古国	8.312	16
阿富汗	8.05	17
乌兹别克斯坦	7.83	18
叙利亚	4.47	19
巴基斯坦	4.17	20
缅甸	3.45	21
文莱	3.37	22
泰国	1.71	23
菲律宾	0.22	24
塔吉克斯坦	0.096	25
吉尔吉斯斯坦	0.095	26
孟加拉国	0.028	27
新加坡	0	28

注：天然气储量按照 1 吨石油 =1111 立方米天然气换算成相当量的石油，石油储量按照 1 吨石油 =7.3 桶石油换算。[2]

具体到国家而言，例如，蒙古国的基础设施落后，在进行油气运输的过程中会增加运输成本。而且蒙古国的水、电等最基本的设施也不能满足企业正常运转的需要，进一步增大了与其进行油气资源合作的成本。[172]阿富汗在原油生产、炼制、储存、运输和销售等方面既缺乏必要的基础设施保障，更缺乏必要的技术和人才支撑，使得国外油气资源投资者不但要应对当地基础设施薄弱所造成的原油生产、炼制、储存、运输和销售等方面存在的硬件不足的困难，还要应对该国缺乏国际经贸合作的经验而导致的对油气资源国际合作项目成本控制产生诸多限制的风险挑战。新加坡国土面积小，油气资源较为匮乏，其国内油气资源供给长期依赖进口，但由于特殊的地理位置，该国在满足自身油气资源供给的同时，也和其他国家开展油气资源贸易合作。

由于自身生产的油气量很少，新加坡对外油气输出主要以中间商的形式进行，因此中国在与新加坡开展油气资源贸易合作的过程中，受国际油气价格波动而带来的风险较大。除此之外，新加坡劳动力供应不足且成本较高，这些都是中国在与新加坡展开油气资源贸易合作的过程中需要注意的问题。塔吉克斯坦由于技术、人才和资金等因素的制约，油气资源供给成为阻碍塔吉克斯坦经济社会发展的主要短板。虽然近年来塔吉克斯坦方面渴望与中国在油气勘探开发领域展开合作，但由于塔吉克斯坦地质构造比较复杂，前期勘探开发基础薄弱，基础设施较为落后，中方在与塔方开展油气资源合作的过程中面临着诸多困难和风险，需要谨慎行事。伊拉克连年战乱，不仅造成基础设施毁坏严重，油气资源产业生产技术水平停滞不前，也造成了该国油气资源勘探、开发、生产、加工等专业人员流失严重，加大了中伊双方开展油气资源合作的风险。

3.2 中国与"一带一路"沿线国家油气资源合作风险致因分析

3.2.1 "一带一路"沿线国家政权的不平稳更迭

很多与中国开展油气资源合作的"一带一路"沿线国家地处国际上的战略要冲，地缘重要性较强，是俄罗斯（苏联）、美国、欧盟、日本等多年的博弈中心区域。一些"一带一路"沿线国家国内在国际多种势力的干预下，同时在本国错综复杂的民族、宗教等诸多因素的影响下，产生了代表不同利益集团的政治派别。在民众对待政府的态度复杂多变的情况下，执政党的政权很难平稳交接和过渡，进而带来了政治、经济政策的短期性和不确定性，给中国与其开展油气资源合作带来了政治风险。

具体到国家而言，自从 2010 年"阿拉伯之春"浪潮开始涌动以来，中东地区很多国家相继爆发了颜色革命，出现了多次大规模的反政府示威游行。"阿拉伯之春"也波及了其他的亚欧国家，造成了多个国家政权的不稳定和社会的动荡。有些国家采用了暴力的方式获得了政权，但为后继政权的平稳过渡埋下了隐患。例如，中亚地区的吉尔吉斯斯坦经历了 2005 年和 2010 年的两次街头暴力革命，两任总统被迫交出权力，虽然后期的权力交接逐渐平稳，但是仍然存在街头暴力革命的风险，这给在该国的投资者带来了很大的风险隐患。东南亚国家的政治稳定性也存在风险隐患。例如，缅甸正处于民主转型期，新政的变化给在该国的投资者带来了很大的不确定性。泰国政治分裂比较严重，2008—2017 年，先后有 10 位总理或者代总理执政，其中多任总理被罢免或者被起诉，政权的不断更迭，使得该国的政治、经济等政策缺乏连续性，给在该国的投资者带来了很大的不确定性和风险隐患。

3.2.2 "一带一路"沿线国家武装冲突、战争造成的创伤

历史和现实的多方面原因，造成了"一带一路"沿线部分国家的边境线没有划分明确，长期以来，这些国家在对领土主权的争夺中引发了规模不一的武装冲突。同时，"一带一路"沿线国家重要的地缘战略地位也使得该区域成为大国博弈下的世界军事战争多发地区。大国的入侵以及大国在国内"代理人"的武装冲突在"一带一路"沿线很多国家层出不穷，而且持续时间很长。连年的冲突和战争撕裂了国家的完整统一，给这些国家造成了巨大的创伤。无论在基础设施等硬件上还是在政府工作效率和民众工作能力等方面，都需要花费很长的时间，需要投入很大的人力、物力和财力才能得以有效恢复，这无疑会给中国与其开展油气资源合作带来多方面的风险。

具体到国家而言，阿富汗先后经历了苏联、美国的入侵和国内多年的武装冲突，国内民众生活困苦，政府效率低下，腐败现象丛生，基础设施投入不足，致使中国在阿富汗的油气资源合作项目风险很大。叙利亚国内从 2011 年就已经开始的战争目前仍在继续，多年的战争让叙利亚的多个重要城市被摧毁，数百万人口流离失所，国内处于混乱状态，中国与其开展油气资源合作需要承担巨大的风险挑战。伊朗和伊拉克因为边境上阿拉伯河的主权问题爆发了长达 8 年的"两伊战争"，给两个国家带来了巨大的苦难，使两国经济至少倒退了 20 年，中国与这两个国家开展油气资源合作都面临着很大的风险。中亚国家中的吉尔吉斯斯坦、塔吉克斯坦和乌兹别克斯坦因为苏联时

期错误的行政划界,三国之间的边界问题一直悬而未决,导致三国之间的边境冲突不断。印度与巴基斯坦之间因为争夺克什米尔地区的控制权发生了多次边界冲突和国家战争,这些都给中国与其开展油气资源合作增加了不确定性和危险性。

3.2.3 "一带一路"沿线国家民族、宗教矛盾和极端势力的威胁

"一带一路"沿线很多国家都是民族矛盾、宗教冲突、极端势力和恐怖主义相互交织在一起,国家局势错综复杂,给中国与其开展油气资源合作带来了很多难以预料的风险和挑战。

叙利亚的战争背后有以伊朗为代表的伊斯兰什叶派和以沙特阿拉伯为代表的逊尼派两大阵营的派别纷争的影子。伊朗和伊拉克战争的背后同样有波斯人和阿拉伯人为了发挥地区影响力而发生的争斗。中亚国家有超过100个民族,总体上来看,由于各国都在宪法上确定了本国的主体民族,其余的"少数民族"与主体民族之间的矛盾冲突持续不断,诱发了极端民族主义情绪。在这种极端民族主义情绪的驱使下,各种恐怖组织在不断的民族和宗教冲突中此消彼长、发展壮大,逐渐外溢到其他国家和地区,中亚、南亚和西亚不少国家成了恐怖主义活动的重灾区。

在民族宗教矛盾和极端势力的影响下,一些油气资源富裕的国家由于担心外国政府和企业的投资与合作会对其资源产生"掠夺",影响国家安全,便有意识地在舆论上进行宣传和造势,导致国内出现了抵制外来油气资源投资的油气资源民族主义者。这些油气资源民族主义者往往会对外国政府和企业采取一些过激的行动,这给中国与其开展油气资源合作带来了很大的风险和挑战。

3.2.4 "一带一路"沿线国家油田化学品开发和应用技术的相对落后

随着石油和天然气工业的不断发展,石油和天然气勘探、钻采、集输等工艺过程中对油田化学品的需求和依赖日益增加,尤其是在油气田开发的中后期和特殊区域,对油田化学品的依赖特别明显。油田化学品的使用大大提

高了油气采收效率,扩大了油气采收面积,延长了油气采收年限,仅化学驱油技术就可提高油气采收率 5% 以上。[173] 最近 10 年间,油田化学品消耗量越来越大,仅用于采油的化学品就有上千种。"一带一路"沿线国家由于受技术、资金、管理等多种因素的影响,其油田化学品(包括环保型表面活性剂、可降解高分子聚合物等)开发和应用相对比较落后。但随着油气田开采时间的增加,产能的降低和开采难度的增大是必然的结果,为了实现油气增产,就必然需要更加有效的化学品。由于油田化学品实际生产施工使用过程复杂且多变,目前"一带一路"沿线国家较为单一、技术落后的油田化学品远远无法满足当地油气资源开采的需求,必然会影响油气资源开采的效率和产量。这使得中国在与其开展油气资源合作的过程中,不得不应对由于油田化学品使用缺失或效率低下而可能导致的"投入大、产出小"甚至"光投入、不产出"的风险。

3.2.5 中国油气资源企业国际化运营能力的不足

由于主客观因素的影响,在利用国际机制、国际组织等国际规范工具维护自身利益方面,中国政府和企业与美国等发达国家的政府和企业相比尚有较大差距。中国还缺乏国际制度体系议程的设置能力和制度的构建能力,对《能源宪章条约》等一些国际协议还处于学习了解阶段。目前,很少有中国企业能够合理运用国际规则来维护自身在境外的合法投资权益。除此之外,中国政府和企业所提出的部分国际规则体系的内容和方法在科学性和可操作性方面还有待进一步提升和完善。

从当前整体情况来看,中国政府是中国与"一带一路"沿线国家开展油气资源合作的境外利益保护的主导者,除此之外,相关合作企业和职工也应承担起相应的境外利益保护责任。但是现实情况是,在中国与"一带一路"沿线国家开展油气资源合作的过程中,相关合作企业和职工并未完全履职尽责,没有担负起该有的境外利益保护责任,加之一些中国职工自身法律意识淡薄,导致与"一带一路"沿线国家开展油气资源合作的不少中国企业和职工往往存在"好处自己拿,问题丢政府"的依赖心理。这种过度依赖政府、企业和职工的不作为现象，造成中国政府与企业缺乏强化境外安全的协同预警机制和应急管理机制，也难以使中国政府和企业与东道国执法部门协调互动、步调一致、形成合力，同时，也对国内安保企业的境外业务拓展造成了负面影响。这一系列的不利因素交织在一起，必然会影响中国与"一带一路"沿线国家油气资源合作持续健康发展。

3.2.6　国际社会上环境保护的压力

21 世纪的今天，环境保护成为世界各国最为关心和重视的问题之一，国内国际两类环境保护法给中国与"一带一路"沿线国家开展油气资源合作带来了很大的压力和挑战。东道国的当地居民、环境保护组织、政府机构、各种国际环境保护团体等都十分关注外国政府和企业与资源国开展油气资源合作对当地环境的影响，有的甚至提升到人权的高度来看待环境保护问题。

油气资源合作面临环境保护的风险和压力，从某种程度上说是由油气资源开发的物理属性所决定的，有些因素对环境的破坏和影响是难以预料、难以避免的。例如，一些油气资源的开发会改造自然生态和原有地貌，严重时可能会引发地面裂缝、山体滑坡、地面塌陷等地质灾害；一些油气资源的开发还可能会引发大气污染、原油泄漏、井喷或火灾以及原生态的破坏等。在采油中应用广泛的油田压裂技术、化学驱油技术、钻井技术所采油的化学品（包括表面活性剂、无机盐、有机酸碱、不易降解的高分子化学品等）均可对地下水造成污染，同时压裂、钻井和三次采油技术的采出液回用技术不完善，会导致油田污泥、污水等对土壤的污染。[174] 在油气资源开发生产的过程中，一旦发生事故和污染都将会导致环境的污染破坏甚至生态灾难的发生。在这种情况下，境外的油气资源合作企业除了要承受巨额的罚款外，还可能会被追究刑事责任，甚至有可能因反动武装势力等的干预而引发其他的国际问题，使企业遭受所投资产被强制国有化的风险。

3.3　本章小结

本章主要从政治风险、经济风险、社会安全风险和资源环境与技术风险

4 大类合作风险，对中国与"一带一路"沿线国家油气资源合作风险进行研究分析；同时，分析了中国与"一带一路"沿线国家油气资源合作面临风险的原因。主要内容如下：

（1）中国与"一带一路"沿线国家油气资源合作面临的主要风险，包括政治风险、经济风险、社会安全风险和资源环境与技术风险 4 个类别。

（2）中国与"一带一路"沿线国家油气资源合作风险形成的原因，主要包括 6 个方面："一带一路"沿线国家政权的不平稳更迭；"一带一路"沿线国家武装冲突、战争造成的创伤；"一带一路"沿线国家民族、宗教矛盾和极端势力的威胁；"一带一路"沿线国家油田化学品开发和应用技术的相对落后；中国油气资源企业国际化运营能力的不足；国际社会上环境保护的压力。

第4章 中国与"一带一路"沿线国家油气资源合作风险评价指标体系构建

中国与"一带一路"沿线国家开展油气资源合作,既是深化"一带一路"倡议的现实需要,也是顺应历史潮流、促进"一带一路"沿线国家共同繁荣富强的必然选择,必须持续发力,深入推进彼此合作向纵深发展。但是,"一带一路"沿线国家国情差异较大,各国政治、经济、文化、宗教等方面发展程度不同,油气资源的储量、开采量和技术水平不同,与中国开展油气资源合作的时间不同,与中国竞争和合作的程度不同,各国的安全稳定程度不同等。因此,要对中国与"一带一路"沿线国家油气资源合作风险作出更为客观、真实、科学、全面的评价结论,需要采用尽可能全面、科学、系统和可行的合作风险评价指标体系。

4.1 评价指标构建原则

建立评价中国与"一带一路"沿线国家油气资源合作风险的指标体系,应当遵循以下原则。

4.1.1 目标导向性原则

评价的主要目的是对于"一带一路"沿线的 28 个与中国有油气资源合作业务的国家的政治、经济、社会安全和资源环境与技术等风险作出全面、客观、科学、准确的评价,计算出中国与 28 个"一带一路"沿线国家油气资源合作的风险等级,结合实际对合作风险进行综合评价,为中国油气资源企业与"一带一路"沿线国家展开油气资源合作提供决策参考,也为中国政府制定相关的油气资源国际合作政策提供依据。

4.1.2　系统性原则

油气资源合作风险涉及"一带一路"沿线国家的政治、经济、社会、文化和宗教等各个层面，指标之间彼此相互联系，不可或缺。在对油气资源合作风险的评价过程中，需要将"一带一路"沿线国家油气资源合作的风险体系作为一个系统，综合考虑每个评价指标的逻辑性和相互关联性，最终获得全面的评价结果。

4.1.3　独立性原则

评价体系中的每一个评价指标都应该是相对独立的，能够单独、清晰地反映出中国与"一带一路"沿线国家油气资源合作风险的局部客观的事实或者特点，不相互重叠，相互间不存在因果关系，层次简明清晰。

4.1.4　重点性原则

影响中国与"一带一路"沿线国家油气资源合作风险的因素比较多，在评价指标体系的设计过程中要重点关注最能够代表和反映实际风险特征的指标，避免笼统、面面俱到式的说明。在合作风险评价指标的选择过程中，参考专家的意见，或者运用大数据统计分析已有的研究成果，从中进行遴选，进而获得具有代表性的评价指标。

4.1.5　可行性原则

评价指标体系中的各个指标要清晰地反映资源国的地缘区位、政体格局、民族融合程度、社会治安、宗教信仰冲突强度、三股势力发展、资源禀赋等客观实际，必须要有明确而又权威的数据出处，数据应该易于采集和获得。同时，风险指标应该符合模型分析的要求，便于数学分析和标准化处理。

4.2 评价指标体系构建

4.2.1 评价指标筛选

根据中国与"一带一路"沿线国家油气资源合作风险的研究文献，综合分析国内外有关专家、学者关于"一带一路"倡议、油气资源国际合作或者投资风险、国际经济贸易合作或者投资风险等方面的研究成果，整理并且筛选出油气资源合作风险的评价指标，如表4.1所示。

表4.1 油气资源合作风险评价指标

风险指标	关键研究文献
政治风险	程春华[9]；Wang[25]；Wang[31]；Zheng[38]；Hu[40]；Lu[41]；Du-an 等[46]；Wang[52]；王绍媛[62]；陈继东和周任[85]；代玙[93]；周方冶[95]；张剑[130]；冯璐璐[137]；王洪一[140]
经济风险	Wang 和 Liu[19]；Ezells[34]；Abudureyimu 和 Han[35]；Liedtke 和 Stephan[36]；Liu 和 Ma[37]；Lu[41]；Jin 等[42]；Yang 等[44]；Pei[45]；Duan 等[46]；Wang[52]；龙涛等[73]；陈继东和周任[85]；殷永林[91]；代玙[93]；周方冶[95]；王有勇[136]；冯璐璐[137]；全菲[138]
社会安全风险	Gulinaer[13]；Fu 和 Xu[22]；Hu[40]；龙涛等[73]；代玙[93]；周方冶[95]；王楠[108]；吴俊强等[113]；罗佐县[118]；张帅和朱雄关[120]；姜英梅[134]；王有勇[136]
资源环境及技术风险	Wang 和 Liu[19]；Zheng[38]；Shahrouz 等[39]；马特和陈建荣[87]；代玙[93]；张剑[130]
政治互信	王楠[108]；罗佐县[118]；张剑[130]
战争风险	Hu[40]
政治稳定	Gulinaer[13]
金融实力	Duan 等[46]；Yang 等[49]
经济波动	Duan 等[46]
营商环境	Liedtke 和 Stephan[36]
恐怖主义	Gulinaer[13]；Hu[40]

续表

风险指标	关键研究文献
社会治安	Hu[40]
基础设施	Fu 和 Xu[22]；Wang[25]；Wang[52]；王绍媛[62]；戴雄军等[72]；龙涛等[73]；徐士鹏等[78]；余功铭等[82]；陈继东和周任[85]；代玚[93]；周方冶[95]；闻武刚[117]；王有勇[136]；王洪一[140]
油气产量、储量风险	戴雄军等[72]；谈谈[77]；徐士鹏等[78]；余功铭等[82]；马特和陈建荣[87]；骆宗强等[88]；殷永林[91]；张明亮[103]
宗教文化风险	Wang[25]；代玚[93]；张帅和朱雄关[120]；张剑[130]；冯璐璐[137]；李大伟[141]

从表 4.1 可以看出，在研究文献中，有多个评价指标来评价油气资源合作风险。其中，政治互信、政治稳定、战争风险指标可以归类到政治风险中；金融实力、经济波动、营商环境可以归类到经济风险中；恐怖主义、社会治安、宗教文化风险可以归类到社会安全风险中；基础设施、油气产量、储量风险可以归类到资源环境与技术风险中。最后，综合筛选出政治风险、经济风险、社会安全风险和资源环境与技术风险 4 个一级评价指标，建立 18 个二级评价指标，对与中国有油气资源合作业务的 28 个"一带一路"沿线国家进行合作风险综合评价分析。

4.2.2　政治风险

政治风险是指东道国政治环境发生变化、政权更迭、政治局势不稳定以及可能发生的战争等因素给中国与"一带一路"沿线国家油气资源合作带来经济损失的可能性。政治风险可以分解为政治互信、清廉程度、双边文件、战争风险和政治稳定 5 个二级指标。

1. 政治互信

政治互信表示国与国之间在进行全方位的物质、文化等方面的交流过程中，在国内和国际环境变幻的考验下，不断积累的在政治上彼此相互信任的程度。通常使用"政治互信"来表示政治互信程度。该指标依据国家信息中心"一带一路"大数据中心发布的相关资料和数据建立，包括中国与东道国之间的高层领导互访和外交伙伴关系级别,采用十分制打分。[175]采用 2015年的数据,指标值越大,表示东道国的政治互信程度越高,与其进行油气资源合作的政治风险越低。

2. 清廉程度

清廉程度表示东道国国内的各类公务人员抵制以权谋私,特别是在公共领域抵制行贿受贿等腐败行为、提升政府行政效率的程度。使用"清廉指数(Corruption Perceptions Index, CPI)"来表示清廉程度。该指标依据国际上的非政府组织"透明国际"发布的相关资料和数据建立,采用百分制打分。[176]采用 2016 年的数据,指标值越大,表示东道国公务人员的腐败程度越低,与其进行油气资源合作的政治风险越低。

3. 双边文件

双边文件表示在一定时间内,国与国双边为了加强各方面的合作而签署的联合声明、双边协定和合作/谅解备忘录等文件的数量和质量。该指标同样依据国家信息中心"一带一路"大数据中心发布的相关资料和数据建立,采用十分制打分。[175]采用 2015 年的数据,指标值越大,表示中国与东道国签署的双边文件越多,与其进行油气资源合作的政治风险越低。

4. 战争风险

战争风险表示国与国之间或者东道国内部由于各种因素发生长时间、大规模、导致巨大生命和财产损失的武装冲突的可能性。使用"国际安全态势感知指数"表示战争风险。该指标依据中国国际关系学院《国际安全研究》、对外经济贸易大学国际关系学院和大数据国际关系研究中心发布的相关资料和数据建立,采用指数形式打分。[177]采用 2010—2015 年的指数之和,指标值越大,表示东道国发生战争的可能性越大,与其进行油气资源合作的政治风险越高。

5. 政治稳定

政治稳定表示一个国家或者地区政治生态系统保持平稳性和连续性的能力,表现为政府推动国家能否稳定发展、政权能否平稳过渡、政府是否采用暴力手段镇压政治异见者等。使用"政治稳定性与政府能力指数"表示政治稳定程度。该指标依据中国信用评级机构——东方金诚国际信用评价有限公司发布的相关资料和数据建立，采用指数形式打分。[178] 采用 2016 年的数据，指标值越大，表示东道国政府的执政能力越强，人民对政府的信任度越高，与其进行油气资源合作的政治风险越低。

4.2.3　经济风险

经济风险是东道国经济实力的差异以及经济环境的变化给中国与"一带一路"沿线国家油气资源合作带来经济损失的可能性。经济风险指标可以分解为金融实力、经济增长、经济波动、债务风险、通货膨胀、营商环境和贸易开放 7 个二级指标。

1. 金融实力

金融实力表示一个国家或者地区金融发展水平的高低，主要表现为货币流通能力和银行信用水平等。使用"金融实力指数"表示金融实力，该指标依据中国信用评级机构——东方金诚国际信用评价有限公司发布的相关资料和数据建立，采用指数形式打分。[178] 采用 2016 年的数据，指标值越大，表示东道国的货币流通、银行信用水平等金融实力越强，与其进行油气资源合作的经济风险越低。

2. 经济增长

经济增长是一个宏观经济指标，表示一个国家或者地区在一定时期内人均产出持续增加的能力。使用"人均国内生产总值（GDP）增长率"表示经济增长程度，该指标依据新浪财经网发布的相关资料和数据建立，采用百分数形式打分。[179] 采用 2016 年的数据，指标值越大，表示东道国人均产出相对上一年增幅越大，该国经济增长水平越高，与其进行油气资源合作的经济风险越低。

3. 经济波动

经济波动表示一个国家或者地区的经济增长水平在一定时期内的稳定性程度。使用"GDP 年增长率标准差"来表示经济波动程度。GDP 年增长率标准差：$\sigma = \sqrt{\dfrac{1}{n}\sum_{i=1}^{n}(x_i - \mu)^2}$，其中 x_i 表示某年的 GDP 年增长率，μ 表示

GDP 年增长率平均值，n 为采用数据的年份区间，这里取值为 5。采用 2012—2016 年的数据进行综合计算，数据来源于新浪财经网。[180] 指标值越大，表示东道国经济波动的程度越大，经济发展越不稳定，与其进行油气资源合作的经济风险越高。

4. 债务风险

债务风险表示一个国家各级政府由于承担内债或者外债而无力偿还本息以及产生不良后果的可能性。使用"中央政府负债率（中央政府债务总额/GDP）"表示债务风险。该指标依据中国信用评级机构——东方金诚国际信用评价有限公司发布的相关资料和数据建立。[178] 采用 2016 年的数据，指标值越大，表示东道国中央政府的负债比率越大，偿还债务本息时出现违约的可能性越高，与其进行油气资源合作的经济风险越高。

5. 通货膨胀

通货膨胀表示一个国家物价全面、持续上涨的程度，即货币贬值的程度。采用"消费价格指数（CPI）"表示通货膨胀程度。该指标依据新浪财经网发布的相关资料和数据建立。[181] 采用 2016 年的数据，指标值越大，表示东道国的物价水平越高，发行的法定货币贬值程度越大，与其进行油气资源合作的经济风险越高。

6. 营商环境

营商环境表示一个国家或者地区给国内外的各类企业在整个运营周期中提供的外部条件和环境的总和。采用"前沿距离值（Distance to Frontier，DTF）"表示营商环境。该指标依据世界银行发布的相关资料和数据建立，采用指数形式打分。[182] 采用 2017 年的数据，指标值越大，表示东道国给在本国运营的企业提供的诸如跨国贸易、知识产权、物权登记、对投资者保护等方面条件越完善，与其进行油气资源合作的经济风险越低。

7. 贸易开放

贸易开放表示一个国家或者地区经济发展的外向程度，反映了该国参与国际分工、吸纳国际资本的程度。采用"外国直接投资净流入/GDP"表示贸易开放程度。该指标依据新浪财经网发布的相关资料和数据建立。[183] 采用

2016 年的数据，指标值越大，表示东道国的经济总量中外资占比越大，说明该国的贸易开放程度越高，与其进行油气资源合作的经济风险越低。

4.2.4　社会安全风险

社会安全风险是东道国社会安全形势的变化给中国与"一带一路"沿线国家油气资源合作带来经济损失的可能性。社会安全风险可以分解为人文发展、恐怖主义和社会治安 3 个二级指标。

1. 人文发展

人文发展表示一个国家或者地区人类文化发展的总体水平。采用"人类发展指数（Human Development Index，HDI）"表示人文发展程度。该指标依据联合国开发计划署发布的相关资料和数据建立，主要包括 4 个领域：平均受教育年限、预期受教育年限、出生预期寿命和人均国民总收入，采用综合指数形式打分。[184]使用 2015 年的数据，指标值越大，表示东道国的人文总体发展水平越高，与其进行油气资源合作的社会安全风险越低。

2. 恐怖主义

恐怖主义表示恐怖势力或者恐怖分子为了达到一定的政治目的，对非武装人员实施的暴力威胁或者暴力行为。使用"全球恐怖主义指数（Global Terrorism Index，GTI）"表示恐怖主义程度。该指标依据经济与和平研究所（Institute for Economics & Peace，IEP）发布的相关资料和数据建立。[185]采用 2016 年的数据，指标值越大，表示东道国恐怖主义活动越多，油气资源企业面临的恐怖威胁越大，与其进行油气资源合作的社会安全风险越高。

3. 社会治安

社会治安表示一个国家或者地区公共秩序和公共安全的稳定性，以及人身权利和财产不受到侵害的程度。使用"犯罪指数（Crime Index，CI）"表示社会治安状况。该指标依据全球最大的城市生活成本比较在线数据库——Numbeo 发布的相关资料和数据建立，采用指数形式打分。[186]采用 2017 年的数据，指标值越大，表示东道国的犯罪率越高，反映在这个国家的生活和工作的安全程度越低，与其进行油气资源合作的社会安全风险越高。

4.2.5 资源环境与技术风险

资源环境与技术风险是东道国油气资源的蕴藏量、开采量和开采难度等因素给中国与"一带一路"沿线国家油气资源合作带来的风险。资源环境与技术风险可以分解为基础设施、油气储量和油气产量3个二级指标。

1. 基础设施

基础设施表示某国给企业和民众提供的交通设施、水电供应、邮电服务、医疗救助等公共工程的完善程度。使用"基础设施指数"指标表示基础设施建设情况。该指标依据世界经济论坛（World Economic Forum，WEF）发布的资料和数据建立。[187] 采用 2017 年的数据，指标值越大，表示东道国的基础设施越完善，越能有效降低油气资源企业的运营成本，对于国外的投资者的吸引力越大，与其进行油气资源合作的资源环境风险越低。

2. 油气储量

油气储量表示一个国家的油气资源禀赋程度。使用"油气探明储量"表示油气储量的丰裕程度，计量单位是 10 亿桶，各国天然气储量按照 1 吨石油等于 1111 立方米天然气换算成相当量的石油，石油储量按照 1 吨石油等于 7.3 桶石油换算。该指标依据英国石油（BP）公司《BP 世界能源统计年鉴2018》发布的资料和数据建立。[2] 采用 2017 年的数据，指标值越大，表示东道国的石油和天然气的探明储量越高，与其进行油气资源合作的资源环境风险越低。

3. 油气产量

油气产量表示一个国家或者地区在某年内石油和天然气的开采总量。使用"油气产量"表示，计量单位是百万吨，该指标同样根据英国石油公司《BP 世界能源统计年鉴2018》发布的资料和数据建立。[2] 采用 2017 年的数据，指标值越大，表示东道国的石油和天然气的开采量越大，与其进行油气资源合作的资源环境风险越低。

通过建立指标体系，可以全方位地对中国与"一带一路"沿线国家油气资源合作风险进行评价，评价指标体系如图 4.1 所示。

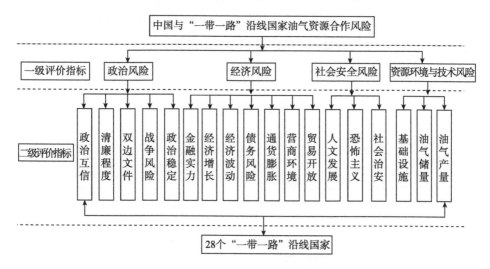

图 4.1　中国与"一带一路"沿线国家油气资源合作风险指标体系

通过图 4.1 可以发现，从政治风险、经济风险、社会安全风险和资源环境与技术风险 4 个方面入手，分别细化一级指标，从而得到 18 个二级指标。

4.3　本章小结

针对中国与"一带一路"沿线国家油气资源合作风险，确立了评价指标设计的原则，构建了油气资源合作风险评价指标体系。本章的主要内容如下：

（1）为了能够全面、科学、准确地对 28 个与中国开展油气资源合作的"一带一路"沿线国家风险做出评价，提出了设计评价指标体系应遵循的 5 个原则，即目标导向性、系统性、独立性、重点性和可行性原则。

（2）在参考国内外文献的基础上，确定了政治风险、经济风险、社会安全风险和资源环境与技术风险 4 个一级评价指标。政治风险一级指标分解为政治互信、清廉程度、双边文件、战争风险和政治稳定 5 个二级指标；经济风险一级指标分解为金融实力、经济增长、经济波动、债务风险、通货膨胀、营商环境和贸易开放 7 个二级指标；社会安全风险一级指标分解为人文发展、恐怖主义和社会治安 3 个二级指标；资源环境与技术风险一级指标分解为基础设施、油气储量和油气产量 3 个二级指标。

第5章 中国与"一带一路"沿线国家油气资源合作风险评价与分类模型构建

中国与"一带一路"沿线国家油气资源合作风险评价指标体系构建完成后，可以利用 18 个合作风险评价指标对中国与"一带一路"沿线国家油气资源合作风险进行评价。本章构建改进熵的 TOPSIS 的合作风险综合评价模型，可以按照合作风险的高低对"一带一路"沿线国家进行排名；构建层次式聚类分析方法的合作风险分类模型，可以按照评价指标属性把合作风险划分成合适的类别；构建相应分析方法的合作风险分类评价模型，可以在同一个风险类别中，针对不同的评价指标对"一带一路"沿线国家的影响程度做出量化排序。

5.1 改进熵的 TOPSIS 的合作风险综合评价模型构建

5.1.1 多属性决策

使用多个评价指标评价中国与"一带一路"沿线国家的油气资源合作风险属于多属性决策。多属性决策（Multiple Attribute Decision Making，MADM）作为现代决策理论的重要组成部分，也被称为有限方案多目标决策，一般是针对存在多类属性的情况下，根据各类属性对主体的影响程度的大小，最终选择最优备选方案，也可以用于对已有方案进行排序做出最终决策的问题。多属性决策的理论和具体评价方法被广泛运用于实际问题中，如对风险进行评价排名、对提出的投资方案进行筛选、对经济效益指标进行评价等。

多属性评价自提出以后，其快速应用性迅速引起了国内外学者的关注。截至目前，多属性评价相关理论和方法主要被划分为两种：一是确定属性的权重，但该方法的难点在于选择合适的属性模糊集结算子，最终将两者结合，形成可以代表方案评价值的模糊效用值，从而进行决策；二是将模糊数进行排序，通过一一比较方案的模糊效用值，得到最终评价结果，从而进行决策。无论是上述哪种类型，决策模型的构建均需要借助格序理论和集对分析等理论作为支撑。

解决多属性决策问题的方法多种多样，常用的方法主要包括数据包络分析法（DEA）、主成分分析法、突变级数法、密切值法[188]和位分值法[189]、两两对比价值法[190]、效用函数法[191]、双击点优序法[192]和最小隶属度偏差法[193]等，而在多属性决策问题中最重要的部分是采用何种方法对已有方案进行排序和最终择优。解决多属性决策问题不仅需要考虑效用指标是否符合决策者偏好，还需借助 MATLAB、SPSS 等数学工具进行计算，最终对决策方案进行比较和排序。通常运用的方法主要包括模糊悲观型决策法、理想点法、模糊线性加权平均法、多维偏好分析的线性规划技术和模糊神经网络多属性决策法[192]等。

5.1.2　改进熵的 TOPSIS 的合作风险综合评价模型

TOPSIS（Technique for Order Preference by Similarity to an Ideal Solution）方法最早由 C. L. Hwang 和 K. Yoon 于 1981 年正式提出，该方法是最常用的排序方法，被称为一种逼近理想解的排序方法，也就是借助多属性问题的正理想解、负理想解，将各个方案进行对比和排序，该方法的基本原则为最优方案离正理想方案最近，离负理想方案最远。[194]

改进熵的 TOPSIS 方法是一种比较理想的多属性决策方法。相较于其他方法，改进熵的 TOPSIS 方法具有独特的优越性：第一，该方法对数据类型、样本量和指标属性等影响因素并无十分严格的限制；第二，该方法具有较为直观的几何意义，应用范围广；第三，该方法可充分利用原始数据，减少了信息的丢失；第四，该方法使用熵权法替代层次分析方法等主观性较强的方法来确定评价指标的权重，使得评价指标权重的赋值更加客观。本书选取了多个评价指标来评价中国与"一带一路"沿线国家的油气资源合作风险，属于多属性决策，选用改进熵的 TOPSIS 方法进行综合评价，符合研究需求，可以保证评价结果的全面性、科学性和准确性。

由此基于改进熵的 TOPSIS 构建中国与"一带一路"沿线国家油气资源合作风险综合评价模型。

1. 构建原始矩阵

根据收集的数据，整理后列出原始矩阵 A，其中包含 m 个与中国开展油气资源合作的"一带一路"沿线国家，n 个合作风险评价指标的原始数据，由此可表示为：

$$A = \begin{bmatrix} a_{11} & \cdots & a_{1j} & \cdots & a_{1n} \\ \vdots & \vdots & \vdots & \vdots & \vdots \\ a_{i1} & \cdots & a_{ij} & \cdots & a_{in} \\ \vdots & \vdots & \vdots & \vdots & \vdots \\ a_{m1} & \cdots & a_{mj} & \cdots & a_{mn} \end{bmatrix} = (a_{ij})_{m \times n} \tag{5.1}$$

根据 x_{ij} 性质的不同，分别进行指标处理。对于效益性指标（正向指标）：

$$x_{ij} = \begin{cases} \dfrac{a_{ij} - a_{j\min}}{a_{j\max} - a_{j\min}}, & a_{j\max} \neq a_{j\min} \\ 1, & a_{j\max} = a_{j\min} \end{cases} \tag{5.2}$$

对于成本性指标（负向指标）：

$$x_{ij} = \begin{cases} \dfrac{a_{j\max} - a_{ij}}{a_{j\max} - a_{j\min}}, & a_{j\max} \neq a_{j\min} \\ 1, & a_{j\max} = a_{j\min} \end{cases} \tag{5.3}$$

从而，得到决策矩阵 X：

$$X = \begin{bmatrix} x_{11} & \cdots & x_{1j} & \cdots & x_{1n} \\ \vdots & \vdots & \vdots & \vdots & \vdots \\ x_{i1} & \cdots & x_{ij} & \cdots & x_{in} \\ \vdots & \vdots & \vdots & \vdots & \vdots \\ x_{m1} & \cdots & x_{mj} & \cdots & x_{mn} \end{bmatrix} = (x_{ij})_{m \times n} \tag{5.4}$$

2. 对原始数据进行无量纲化

对原始数据进行无量纲化，也就是对决策矩阵进行标准化处理：

$$X' = \begin{bmatrix} x'_{11} & \cdots & x'_{1j} & \cdots & x'_{1n} \\ \vdots & \vdots & \vdots & \vdots & \vdots \\ x'_{i1} & \cdots & x'_{ij} & \cdots & x'_{in} \\ \vdots & \vdots & \vdots & \vdots & \vdots \\ x'_{m1} & \cdots & x'_{mj} & \cdots & x'_{mn} \end{bmatrix} = (x'_{ij})_{m \times n} \tag{5.5}$$

其中，$x'_{ij} = \dfrac{x_{ij}}{\sqrt{\sum\limits_{k=1}^{m}(x_{ij})^2}}$，$i = 1,2,\cdots,m$；$j = 1,2,\cdots,n$。

3. 计算指标信息的熵值

熵值的公式可以表示为：

$$e_j = -k \sum_{i=1}^{m}(x'_{ij} \times \ln x'_{ij}) \tag{5.6}$$

其中，$k = \dfrac{1}{\ln m}$。

4. 计算指标的权重，构建加权矩阵

加权矩阵表示为：

$$w_j = \frac{g_j}{\sum\limits_{j=1}^{n} g_j} = \frac{1 - e_j}{\sum\limits_{j=1}^{n}(1 - e_j)} \tag{5.7}$$

其中，g_j 为第 j 项指标的差异系数。

权重确定后，以它们为主对角线上的元素构造主对角矩阵：

$$W = \begin{bmatrix} w_1 & & 0 \\ & \ddots & \\ 0 & & w_j \end{bmatrix} \tag{5.8}$$

其加权矩阵为：

$$YW = (y_{ij})_{m \times n} = \begin{bmatrix} w_1 x'_{11} & \cdots & w_n x'_{1n} \\ \vdots & \ddots & \vdots \\ w_1 x'_{m1} & \cdots & w_n x'_{mn} \end{bmatrix} \tag{5.9}$$

其中,

$$y_{ij} = x'_{ij} \cdot w_j \qquad (5.10)$$

5. 确定参考样本

参考样本的最大值构成最优样本,最优样本点:

$$Y^+ = (y_1^+, \cdots, y_n^+), y_j^+ = \max_{1 \le i \le m} \{y_{ij}\} \qquad (5.11)$$

参考样本的最小值构成最劣样本,最劣样本点:

$$Y^- = (y_1^-, \cdots, y_n^-), y_j^- = \min_{1 \le i \le m} \{y_{ij}\} \qquad (5.12)$$

6. 计算距离

为了综合考虑样本点到最优样本点和最劣样本点的距离,需结合最优样本点和最劣样本点的离散情况进行最终评价。其中,最优样本点的分离度为:

$$D_i^+ = \sqrt{\sum_{j=1}^n (y_{ij} - y_j^+)^2} \; ; i = 1,2,\cdots,m \; ; j = 1,2,\cdots,n \qquad (5.13)$$

最劣样本点的分离度为:

$$D_i^- = \sqrt{\sum_{j=1}^n (y_{ij} - y_j^-)^2} \; ; i = 1,2,\cdots,m \; ; j = 1,2,\cdots,n \qquad (5.14)$$

计算每个样本的理想值接近度系数,该系数综合考虑了最优样本点和最劣样本点的分离度,故可作为最佳理想解:

$$C_i = \frac{D_i^-}{D_i^+ + D_i^-} \; ; i = 1,2,\cdots,m \qquad (5.15)$$

C_i 越大,说明排名越靠前。C_i 越大,说明中国与该"一带一路"沿线国家进行油气资源合作的风险越大。

5.2　层次式聚类分析方法的合作风险分类模型构建

5.2.1　层次式聚类分析方法基本原理

层次式聚类分析方法（Hierarchical Agglomeration Algorithm for Clustering）能够以逐次聚合的方式,对变量的观察值进行分组。运用层次式聚类分析方法划分风险的基础模型,实质上是对原始数据进行费希尔最优求解法,具体流程如下。

假定有序样品依次是 $X_{(1)}$, $X_{(2)}$, $X_{(3)}$, $\cdots$, $X_{(n)}$ [$X_{(i)}$ 为 p 维向量]。

1. 定义类的直径

设某一类 G 包含的样品是 $X_{(i)}$，$X_{(i+1)}$，$X_{(i+2)}$，$\cdots$，$X_{(j)}$，该类的均值坐标为：

$$\bar{X}_G = \frac{1}{j-i+1} \sum_{t=i}^{j} X_{(t)} \tag{5.16}$$

用 $D(i,j)$ 表示这一类的直径，直径可定义为：

$$D(i,j) = \sum_{t=i}^{j} (X_{(t)} - \bar{X}_G)' \cdot (X_{(t)} - \bar{X}_G) \tag{5.17}$$

2. 定义分类的损失函数

使用费希尔最优解法定义的分类损失函数的思想类似于系统聚类分析中的 Ward 法，即要求分类后产生的离差平方和的增量最小。用 $b(n,k)$ 表示将 n 个有序样品分为 k 类的某一种分法：

$$G_1 = \{i_1, i_1+1, i_1+2, \cdots, i_1-1\}$$
$$G_2 = \{i_2, i_2+1, i_2+2, \cdots, i_2-1\}$$
$$\cdots$$
$$G_k = \{i_k, i_k+1, i_k+2, \cdots, i_k-1\}$$

其中，$i_1 = 1 < i_2 < i_3 < \cdots < i_k \leq n$。

定义上述分类法的损失函数为：

$$L[b(n,k)] = \sum_{t=1}^{k} D(i_t, i_{t+1}-1) \tag{5.18}$$

其中，$i_{k+1} = n+1$。

对于固定的 n 和 k，$L[b(n,k)]$ 越小，表示各类的离差平方和越小，分类就越有效。因此，要求寻找一种分类法 $b(n,k)$，使分类的损失函数最小，这种最优分类法记为 $p(n,k)$。

3. 求最优分类法的递推公式

具体计算最优分类的过程是通过递推公式获得的。先考虑 $k=2$ 的情形，如图 5.1 所示。

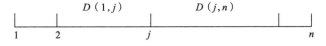

图 5.1　$k=2$ 的情形

对所有的 j 考虑使得：

$$L(b(n,2)) = D(1,j) + D(1,j)$$

最小的 j^*，得到最优分类 $p(n,2)$：

$$G_1 = \{1,2,\cdots,j^* - 1\}, G_2 = \{j^*,j^* + 1,\cdots,n\}$$

进一步考虑对于 k，求 $p(n,k)$。

这里需要注意，若要寻找将 n 个样品分为 k 类的最优分割，则对于任意的 j，先将前面 $j-1$ 个样品最优分割为 $k-1$ 类，得到 $p(j-1,k-1)$，否则从 j 到 n 最后一类就不可能构成 k 类的最优分割，参见图 5.1。再考虑使最小的 $L[b(n,k)]$，得到 $p(n,k)$。

因此，得到费尔希最优求解法的递推公式为：

$$\begin{cases} L[p(n,2)] = \min_{2 \le j \le n} \{D(1,j-1) + D(j,n)\} \\ L[p(n,k)] = \min_{k \le j \le n} \{L[p(j-1,k-1)] + D(j,n)\} \end{cases} \tag{5.19}$$

4. 费希尔最优求解法的实际计算

从公式（5.19）可知，要得到分点 j_k，使得：

$$L[p(n,k)] = L[p(j_k - 1,k - 1)] + D(j_k,n) \tag{5.20}$$

从而获得第 k 类：

$$G_k = \{j_k,\cdots,n\} \tag{5.21}$$

必须先计算 j_{k-1} 使得：

$$L[p(j_k - 1,k - 1)] = L[p(j_k - 1,k - 2)] + D(j_{k-1},j_k - 1) \tag{5.22}$$

从而获得第 $k-1$ 类：

$$G_{k-1} = \{j_{k-1},\cdots,j_k - 1\} \tag{5.23}$$

依此类推，要得到分点 j_3，使得：

$$L[p(j_4 - 1,3)] = L[p(j_3 - 1,2)] + D(j_3,j_4 - 1) \tag{5.24}$$

从而获得第三类：

$$G_3 = \{j_3,\cdots,j_4 - 1\} \tag{5.25}$$

必须先计算 j_2：

$$L[p(j_3 - 1,2)] = \min_{2 \le j \le j_3 - 1} \{D(1,j-1) + D(j,j_3 - 1)\} \tag{5.26}$$

从而获得第二类：

$$G_2 = \{j_2, \cdots, j_3 - 1\} \tag{5.27}$$

这时自然获得 $G_1 = \{1, \cdots, j_2 - 1\}$，最终获得最优分割：$G_1$，$G_2$，$\cdots$，$G_k$。

5.2.2　层次式聚类分析方法的合作风险分类模型

通过上述基于改进熵的 TOPSIS 的合作风险综合评价模型，虽然可将与中国开展油气资源合作的"一带一路"沿线国家的风险进行排名，但还不能完全依据此模型对"一带一路"沿线国家油气资源合作风险进行分类，确定其风险等级。若单一考虑风险排名，无法更有效、更确切地反映出中国与该国开展油气资源合作过程中的风险实情，因此需要采用层次式聚类分析方法的合作风险分类模型对有关国家油气资源合作风险进行分类。通过该模型，一方面，可以对中国与"一带一路"沿线国家油气资源合作风险进行分类，将不同国家划分为指定的风险类别；另一方面，可以得到较为精确的分类结果，便于比较分析，对上述 TOPSIS 模型分析的风险排名结果的合理性进行验证。

由此基于层次式聚类分析方法构建中国与"一带一路"沿线国家油气资源合作风险分类模型。

（1）为了验证合理性，使用轮廓系数的方法确定合适的 K 值。

轮廓系数常用于评价聚类效果的好坏，该系数结合内聚度（也称凝聚度）$a(i)$ 和分离度 $b(i)$ 两种因素。其中，内聚度 $a(i)$ 表示对于第 i 个对象，该对象到所属簇中其他所有对象的平均距离；分离度 $b(i)$ 表示第 i 个对象到各个非本簇的所有点的平均距离。值得注意的是，这里所说的"距离"，指的是不相似度，"距离"值越大，代表不相似程度越高。层次式聚类分析方法主要以聚类重新标定距离指标计算各个国家之间的欧式距离，并采用基于 Z 得分转换的组间联接进行聚类分析。一般来说，度量距离的标准多达 8 种之多，如中间距离法、最短距离法、重心法、类平均法、最长距离法、可变类平均法、可变法和离差平方和法等。鉴于采用的数据属于有序的，且数据之间的地位是有交互影响的，从而基于平方 Euclidean

距离[195]：

$$d(x,y) = \sum_{i=1}^{n} (x_i - y_i)^2 \qquad (5.28)$$

由此，计算轮廓系数的步骤为：①对于第 i 个对象，计算该对象到所属簇中其他所有对象的平均距离，即为内聚度 $a(i)$；②第 i 个对象到各个非本簇的所有点的平均距离，即为分离度 $b(i)$；③计算第 i 个对象的轮廓系数为 $s(i) = [b(i) - a(i)]/\max\{a(i),b(i)\}$。轮廓系数能够反映聚类结果的好坏，其值在 $[-1,1]$，且越大越好。运用 2011a 版本的 MATLAB 即可计算出与分类数相应的轮廓系数。

（2）将每个国家独自聚成一类，共有 28 类，根据所确定的国家的测度"距离"公式，把"距离"较近的两个国家聚为一类，其他的国家各自仍为一类，此时，共有 27 类。

（3）将新聚成的 27 类中"距离"最近的两个类再聚成一类，共聚成 26 类；重复以上步骤，直至将所有的国家聚成一类。

（4）重复以上（1）和（2），可得上述聚类分析得到的谱系图，谱系图一般形式如图 5.2 所示。

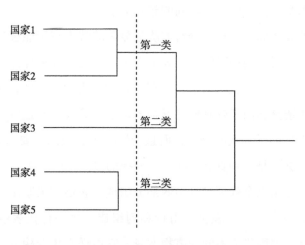

图 5.2　谱系图

由图 5.2 可以看出，具体分类数由步骤（1）中的轮廓系数与实际情况相结合确定。图 5.2 以三类为例，可以看出，国家 1 和国家 2 为类别一；国家 3 为类别二；国家 4 和国家 5 为类别三。

最终根据聚类结果，再结合 TOPSIS 排名，对与中国开展油气资源合作的"一带一路"沿线国家进行风险等级分类，得到中国与"一带一路"沿线国家油气资源合作风险等级表。

5.3　相应分析方法的合作风险分类评价模型构建

5.3.1　相应分析方法基本原理

相应分析，也叫对应分析、R – Q 型因子分析，于 1970 年由法国人 Jean Paul Benzeci 提出，是在 R 型和 Q 型因子分析的基础上发展起来的一种多元统计分析技术，广泛应用于对由属性变量构成的列联表数据的研究。相应分析方法可以揭示同一变量的各个类别之间的差异，以及不同变量各个类别之间的对应关系，其基本思想是把一个列联表中的行和列中的各元素的比例结构描绘成一张二维的散点图，以直观、简洁的形式描述属性变量各种状态之间的相互关系及不同属性变量之间的相互关系。

相比其他方法而言，相应分析方法最显著的特点在于能够把众多的样品和众多的变量同时在同一张图解上表示出来，而且能够将样品的大类及其属性在图解上直观明了地反映出来，具有较强的直观性。此外，相应分析方法还省去了因子选择和因子轴旋转等复杂的数学运算及中间过程，可以从因子载荷图上对样品进行直观的分类，而且能够指示分类的主要参数（主因子）以及分类的依据，是一种直观、简单、便捷的多元统计方法。

相应分析方法整个处理过程由两部分组成：表格和关联图。相应分析方法中的表格是一个二维的表格，由行和列组成。每一行代表事物的一个属性，依次排开。列则代表不同的事物本身，它由样本集合构成，排列顺序通常没有特别的要求。在关联图上，各个样本都浓缩为一个点集合，而样本的属性变量在图上同样是以点集合的形式显示出来的。[196]

5.3.2　相应分析方法的合作风险分类评价模型

经过聚类分析之后,某些类里面可能有很多油气资源合作风险指标性质相似的国家,这些国家在每一个合作风险指标上又有着各自的特点。为了进一步分析各类油气资源合作风险评价指标对"一带一路"沿线国家的影响程度,可以采用相应分析方法构建合作风险分类评价模型,来描述各类油气资源合作风险评价指标与各个"一带一路"沿线国家之间的相互关系。

由此基于相应分析方法构建中国与"一带一路"沿线国家油气资源合作风险分类评价模型。

1. 列出原始矩阵

假设"一带一路"沿线国家的容量为 m ,油气资源合作风险评价指标的数量为 n ,可得:

$$X = \begin{bmatrix} x_{11} & x_{12} & \cdots & x_{1n} \\ x_{21} & x_{22} & \cdots & x_{2n} \\ \vdots & \vdots & & \vdots \\ x_{m1} & x_{m2} & \cdots & x_{mn} \end{bmatrix} = (x_{ij})_{m \times n} \tag{5.29}$$

其中, x_{ij} 为第 i 个"一带一路"沿线国家,在第 j 个合作风险评价指标下的观察值, $x_{ij} \geqslant 0$ 。

2. 将矩阵 X 按照行和列进行求和,并且求出总和

其中,行和为:

$$x_{i.} = \sum_{j=1}^{n} x_{ij}, i = 1, 2, \cdots, m \tag{5.30}$$

列和为:

$$x_{.j} = \sum_{i=1}^{m} x_{ij}, j = 1, 2, \cdots, n \tag{5.31}$$

总和为:

$$T = \sum_{i=1}^{m} \sum_{j=1}^{n} x_{ij} = \sum_{i=1}^{m} x_{i.} = \sum_{j=1}^{n} x_{.j} \tag{5.32}$$

3. 对矩阵做对应变换

对矩阵做对应变换，得到矩阵：

$$Y = \begin{bmatrix} y_{11} & y_{12} & \cdots & y_{1n} \\ y_{21} & y_{22} & \cdots & y_{2n} \\ \vdots & \vdots & & \vdots \\ y_{m1} & y_{m2} & \cdots & y_{mn} \end{bmatrix} = (y_{ij})_{m \times n} \tag{5.33}$$

其中，

$$y_{ij} = \frac{x_{ij} - x_{i.}x_{.j}/T}{\sqrt{x_{i.}x_{.j}}}, i = 1,2,\cdots,m; j = 1,2,\cdots,n \tag{5.34}$$

4. R 型因子分析

计算 $E = Z^T Z$ 的特征根 $\lambda_1 \geq \lambda_2 \cdots \geq \lambda_n$，按照其贡献率累计百分比 $\geq 75\%$，取前 s 个特征根，即取 s 个公因子，计算其相应的单位化特征向量 $\mu_1,\cdots,\mu_s$，得到 R 型因子载荷矩阵：

$$\begin{bmatrix} \mu_{11}\sqrt{\lambda_1} & \mu_{12}\sqrt{\lambda_2} & \cdots & \mu_{1s}\sqrt{\lambda_s} \\ \mu_{21}\sqrt{\lambda_1} & \mu_{22}\sqrt{\lambda_2} & \cdots & \mu_{2s}\sqrt{\lambda_s} \\ \vdots & \vdots & & \vdots \\ \mu_{m1}\sqrt{\lambda_1} & \mu_{m2}\sqrt{\lambda_2} & \cdots & \mu_{ms}\sqrt{\lambda_s} \end{bmatrix} \tag{5.35}$$

并且，在因子轴平面上做变量的散点图。

5. Q 型因子分析

对（4）中的前 s 个特征根计算对应矩阵的单位特征向量 $\nu_1,\cdots,\nu_s$，得到 Q 型因子载荷矩阵：

$$\begin{bmatrix} \nu_{11}\sqrt{\lambda_1} & \nu_{12}\sqrt{\lambda_2} & \cdots & \nu_{1s}\sqrt{\lambda_s} \\ \nu_{21}\sqrt{\lambda_1} & \nu_{22}\sqrt{\lambda_2} & \cdots & \nu_{2s}\sqrt{\lambda_s} \\ \vdots & \vdots & & \vdots \\ \nu_{m1}\sqrt{\lambda_1} & \nu_{m2}\sqrt{\lambda_2} & \cdots & \nu_{ms}\sqrt{\lambda_s} \end{bmatrix} \tag{5.36}$$

并且，在 R 型因子平面做相应的样本散点图。

6. 绘制二维的相应分析图

在散点图中，如果代表行变量的各个"一带一路"沿线国家与代表列变量的油气资源合作风险评价指标在同一方位上距离较近，则说明两个变量有较强的关联性；如果两个变量距离较远或者不在同一方位，则说明两个变量关联性较弱或者没有关联性。

以上过程可以使用 SPSS 软件来实现。

5.4　本章小结

针对中国与"一带一路"沿线国家油气资源合作风险评价指标体系，利用改进熵的 TOPSIS 方法、层次式聚类分析方法和相应分析方法分别构建了合作风险评价及分类模型。本章的主要内容如下：

（1）在对比多个多属性决策方法的基础上，提出了运用改进熵的 TOPSIS 方法综合评价中国与"一带一路"沿线国家油气资源合作风险，构建了改进熵的 TOPSIS 的中国与"一带一路"沿线国家油气资源合作风险综合评价模型。

（2）为了更好地反映中国与"一带一路"沿线国家油气资源合作风险，提出了层次式聚类分析方法，列举了层次式聚类分析方法的基本原理和计算步骤，构建了层次式聚类分析方法的中国与"一带一路"沿线国家油气资源合作风险分类模型。

（3）提出了相应分析方法，用于分析各类油气资源合作风险评价指标对"一带一路"沿线国家的影响程度，列举了相应分析方法的基本原理，构建了相应分析方法的中国与"一带一路"沿线国家油气资源合作风险分类评价模型。

第6章 中国与"一带一路"沿线国家
油气资源合作风险实证分析

本章利用第5章中改进熵的 TOPSIS 的合作风险综合评价模型和层次式聚类分析方法的合作风险分类模型,对中国与"一带一路"沿线国家的油气资源合作风险做出定量的综合评价,划分出风险的类别,表示出 28 个与中国开展油气资源合作的"一带一路"沿线国家的风险等级。再利用相应分析方法的合作风险分类评价模型,结合评价指标对中国与每一个不同风险层次的"一带一路"沿线国家开展油气资源合作的风险进一步进行深入分析。

6.1 中国与"一带一路"沿线国家油气资源合作风险综合评价结果

6.1.1 改进熵的 TOPSIS 综合评价

根据章节 4.2 可知,采用了 4 个一级指标,总共 18 个二级指标对中国与 28 个"一带一路"沿线国家油气资源合作风险进行综合评价。结合章节 5.1 中改进熵的 TOPSIS 模型中的公式(5.1)—公式(5.15)可知,此时的 m 为 28, n 为 18。

根据公式(5.1),便可得出矩阵 A:

$$A = \begin{bmatrix} 8.5 & 38 & \cdots & 8.312 & 0.1 \\ 8.5 & 29 & \cdots & 36.57 & 1689.91 \\ \vdots & \vdots & \ddots & \vdots & \vdots \\ 9.5 & 29 & \cdots & 324.63 & 11748.51 \\ 1 & 30 & \cdots & 14.23 & 841.75 \end{bmatrix} = (a_{ij})_{28 \times 18}$$

由于各个指标的性质存在明显的差异性, 因此, 可根据公式 (5.2)

$$x_{ij} = \begin{cases} \dfrac{a_{ij} - a_{j\min}}{a_{j\max} - a_{j\min}}, a_{j\max} \neq a_{j\min} \\ \\ 1\, a_{j\max} = a_{j\min} \end{cases}$$

对政治互信、清廉程度、双边文件、政治稳定、政府能力指数、金融实力指数、人均 GDP 增长率、营商环境、贸易开放程度、人类发展指数、基础设施、油气探明储量和油气产量这 12 个权益性指标, 以及根据公式 (5.3)

$$x_{ij} = \begin{cases} \dfrac{a_{j\max} - a_{ij}}{a_{j\max} - a_{j\min}}, a_{j\max} \neq a_{j\min} \\ \\ 1, a_{j\max} = a_{j\min} \end{cases}$$

对战争风险、经济波动率、债务风险、通货膨胀率、恐怖组织及恐怖势力和社会治安这 6 个成本性指标进行相应的变化后, 根据公式 (5.4), 得到公式决策矩阵 X:

$$X = \begin{bmatrix} 0.59611 & 0.70701 & \cdots & 0.98050 & 0.99999 \\ 0.91420 & 0.86423 & \cdots & 36.57 & 1689.91 \\ \vdots & \vdots & \ddots & \vdots & \vdots \\ 0.05263 & 0.77464 & \cdots & 0.23844 & 0.05615 \\ 0.94736 & 0.76056 & \cdots & 0.96661 & 0.93237 \end{bmatrix} = (x_{ij})_{28 \times 18}$$

随后, 根据 $x'_{ij} = \dfrac{x_{ij}}{\sqrt{\sum\limits_{k=1}^{28} (x_{ij})^2}}$; $i = 1,2,\cdots,28$; $j = 1,2,\cdots,18$, 对上述

决策矩阵进行 "归一化" 处理后, 可得标准化后的矩阵 X':

$$X' = \begin{bmatrix} 0.05768 & 0.17257 & \cdots & 0.21002 & 0.20838 \\ 0.05768 & 0.20634 & \cdots & 0.19582 & 0.18009 \\ \vdots & \vdots & \ddots & \vdots & \vdots \\ 0.01922 & 0.20634 & \cdots & 0.05107 & 0.01170 \\ 0.34608 & 0.20259 & \cdots & 0.20705 & 0.19429 \end{bmatrix} = (x'_{ij})_{28 \times 18}$$

根据公式 (5.6), 计算 $e_j = -k \sum\limits_{i=1}^{28} (x'_{ij} \times \ln x'_{ij})$, 确定 28 个国家分别对

应的指标信息的熵值，其中 $k = \dfrac{1}{\ln 28}$ ，得到如下 18 个指标的熵值：

$$e_j = \begin{bmatrix} 1.97522 & 2.47686 & 2.35995 & \cdots & 2.34851 & 2.46617 & 2.49303 \end{bmatrix}$$

之后根据公式（5.7），$w_j = \dfrac{g_j}{\sum\limits_{j=1}^{18} g_j} = \dfrac{1 - e_j}{\sum\limits_{j=1}^{18}(1 - e_j)}$ ，计算政治互信、清廉

程度等 18 个合作风险评价指标的权重，如表 6.1 所示。

表 6.1　中国与"一带一路"沿线国家油气资源合作风险评价指标权重

一级评价指标及其权重	二级评价指标	二级评价指标权重
政治风险 0.292	政治互信	0.04392
	清廉程度	0.06651
	双边文件	0.06125
	战争风险	0.05950
	政治稳定	0.06090
经济风险 0.358	金融实力	0.05631
	经济增长	0.05556
	经济波动	0.03185
	债务风险	0.04976
	通货膨胀	0.04561
	营商环境	0.05691
	贸易开放	0.06168
社会安全风险 0.156	人文发展	0.05819
	恐怖主义	0.04048
	社会治安	0.05756
资源环境与技术风险 0.194	基础设施	0.06073
	油气储量	0.06603
	油气产量	0.06724

以所有二级指标的权重为主对角线上的元素，根据公式（5.8），构建

矩阵：

$$W = \begin{bmatrix} 0.04392 & 0 & \cdots & 0 & 0 \\ 0 & 0.06651 & \cdots & 0 & 0 \\ \vdots & \vdots & \ddots & \vdots & \vdots \\ 0 & 0 & \cdots & 0.06603 & 0 \\ 0 & 0 & \cdots & 0 & 0.06724 \end{bmatrix} = (w_{ij})_{28 \times 18}$$

确定 18 个影响合作因素的权重后，根据公式（5.9），$Y = WX' = $

$\begin{bmatrix} w_1 x'_{11} & \cdots & w_n x'_{1n} \\ \vdots & \ddots & \vdots \\ w_1 x'_{m1} & \cdots & w_n x'_{mn} \end{bmatrix}$，构建加权矩阵 Y：

$$Y = \begin{bmatrix} 0.00253 & 0.01147 & \cdots & 0.01386 & 0.01401 \\ 0.00253 & 0.01372 & \cdots & 0.01293 & 0.01211 \\ \vdots & \vdots & \ddots & \vdots & \vdots \\ 0.00084 & 0.01372 & \cdots & 0.00337 & 0.00078 \\ 0.01520 & 0.01771 & \cdots & 0.01367 & 0.01306 \end{bmatrix} = (y_{ij})_{28 \times 18}$$

基于加权矩阵，首先根据公式（5.11），$Y^+ = (y_1^+, \cdots, y_{18}^+)$，$y_j^+ = \max\limits_{1 \le i \le 28} \{y_{ij}\}$，得到 18 个油气资源合作风险评价指标的最优样本点：

$$y_j^+ = \begin{bmatrix} 0.01604 & 0.01771 & 0.02187 & \cdots & 0.01760 & 0.01414 & 0.01401 \end{bmatrix}$$

其次，根据公式（5.12），$Y^- = (y_1^-, \cdots, y_{18}^-)$，$y_j^- = \min\limits_{1 \le i \le 28} \{y_{ij}\}$，得到 18 个油气资源合作风险的最劣样本点：

$$y_j^- = \begin{bmatrix} 0 & 0 & 0 & \cdots & 0 & 0 & 0 \end{bmatrix}$$

再次，根据公式（5.13）得出 $D_i^+ = \sqrt{\sum\limits_{j=1}^{18} (y_{ij} - y_j^+)^2}$ 和公式（5.14）得出 $D_i^- = \sqrt{\sum\limits_{j=1}^{18} (y_{ij} - y_j^-)^2}$，其中，确定其最优样本点的分离距离为：

$$D_i^+ = \begin{bmatrix} 0.04024 & 0.05437 & 0.05255 & \cdots & 0.04460 & 0.05395 & 0.05465 \end{bmatrix}$$

最劣样本点的分离距离为：

$$D_i^- = \begin{bmatrix} 0.05674 & 0.04003 & 0.04067 & \cdots & 0.05972 & 0.03876 & 0.04422 \end{bmatrix}$$

最后，综合考虑最优样本点和最劣样本点的分离度，根据公式（5.15），

$C_i = \dfrac{D_i^-}{D_i^+ + D_i^-}$；其中，确定 28 个国家的最佳理想解 C_i：

$C_i = [\,0.57246 \quad 0.41699 \quad 0.42871 \quad \cdots \quad 0.58931 \quad 0.40886 \quad 0.45721\,]$

C_i 即表示 28 个国家的综合评价得分，C_i 越大，表明与该国的油气资源合作风险越大。具体 28 个国家的综合得分情况如表 6.2 所示。

表 6.2　28 个"一带一路"沿线国家油气资源合作风险排名

序号	国家名称	D_i^+	D_i^-	C_i	排名
1	蒙古国	0.042	0.057	0.572	3
2	哈萨克斯坦	0.056	0.040	0.417	22
3	乌兹别克斯坦	0.054	0.041	0.429	17
4	土库曼斯坦	0.053	0.042	0.444	15
5	吉尔吉斯斯坦	0.049	0.045	0.484	11
6	塔吉克斯坦	0.047	0.048	0.502	9
7	巴基斯坦	0.043	0.055	0.557	5
8	印度	0.048	0.043	0.470	13
9	孟加拉国	0.047	0.051	0.521	8
10	阿富汗	0.041	0.063	0.602	1
11	印度尼西亚	0.052	0.038	0.422	20
12	泰国	0.055	0.039	0.418	21
13	马来西亚	0.059	0.035	0.373	25
14	新加坡	0.073	0.032	0.307	28
15	菲律宾	0.049	0.045	0.478	12
16	缅甸	0.049	0.048	0.495	10
17	文莱	0.056	0.041	0.423	19
18	沙特阿拉伯	0.055	0.035	0.386	24
19	阿联酋	0.061	0.031	0.336	26
20	阿曼	0.055	0.043	0.438	16
21	伊朗	0.044	0.053	0.542	6

序号	国家名称	D_i^+	D_i^-	C_i	排名
22	埃及	0.043	0.049	0.537	7
23	科威特	0.053	0.039	0.428	18
24	伊拉克	0.043	0.056	0.564	4
25	卡塔尔	0.063	0.031	0.327	27
26	叙利亚	0.042	0.060	0.589	2
27	俄罗斯	0.056	0.039	0.409	23
28	阿塞拜疆	0.053	0.044	0.457	14

根据表 6.2 中 C_i 的得分情况，将 28 个与中国开展油气资源合作的"一带一路"沿线国家进行相应的排名。基于此，中国与其开展油气资源合作过程中存在风险较大的三个国家分别是阿富汗、叙利亚和蒙古国。这三个国家的政治均处于非稳定状态，受到政治风险的影响，国家的经济与社会安全风险剧增。除此之外，这些国家的油气资源储量较为匮乏，由此看来，国家政治的稳定性以及资源的蕴藏量是中国与其开展油气资源合作的基石。而合作风险较小的国家，如沙特阿拉伯、俄罗斯和哈萨克斯坦，除了本身具有丰富的油气资源和稳定的政治环境外，还分别与中国持续保持着密切的合作关系，这也为今后的合作进程降低了风险。

6.1.2　聚类评价

在现实的实践操作层面，在确定中国与"一带一路"沿线国家开展油气资源合作的领域和合作项目时，只依据改进熵的 TOPSIS 模型还不能迅速、便捷、全面、科学地对合作目标国的风险进行明晰的划分和界定，还需要借助其他方法。具体来说，利用聚类分析的 K 均值聚类方法进行合作风险范围的界定可以有效解决这一问题。一方面，可以将这些国家划分为指定的类数；另一方面，得到较为精确的分类结果，便于比较分析，也可对上述排名结果的合理性进行验证。

在运用聚类分析确定风险类数划分前，应事先通过判断簇个数来进行具体的分类，而此时以轮廓系数的方法确定合适分类数，即得到 K 均值聚类分析中的 K 值。轮廓系数能够反映聚类结果的优良性，其值在 $[-1,1]$，且越大越好。相应地，在确定 28 个与中国开展油气资源合作的"一带一路"沿线国家风险等级的分类结果前，分别计算将聚类数设定为 2~10 时的平均轮廓系数，计算多次，在 R 语言中绘制出计算结果的散点图，如图 6.1 所示。

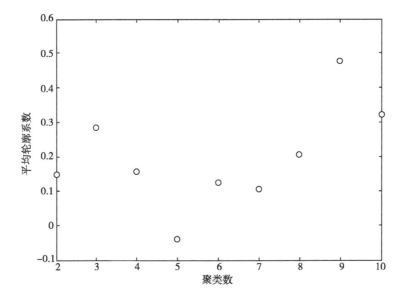

图 6.1　2~10 类的平均轮廓系数

由图 6.1 可清晰地看出，当 K 取 9 时，此时的轮廓系数为 0.47，是聚类数 2~10 之间最大的轮廓系数。所以，根据轮廓系数越大表明效果越好的原理，最终将 K 设定为 9，即将 28 个国家分为 9 类时，风险类别划分的效果最为优越。基于此，风险等级即被确定为 9 个等级。

确定 $K=9$ 后，对 28 个国家进行聚类分析，得到如图 6.2 所示的聚类分析图（图中显示的数字为表 1 中对应的国家序号，Ⅰ~Ⅸ 分别表示划分的 9 个合作风险类别）。

使用平均联接（组间）的谱系图

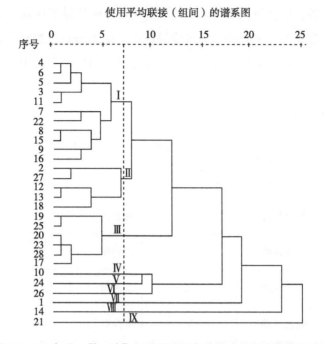

图 6.2　28 个"一带一路"沿线国家油气资源合作风险聚类分析图

根据图 6.2 的聚类分析，28 个国家由此被聚为Ⅰ、Ⅱ、Ⅲ、…、Ⅸ等 9 类。其中，乌兹别克斯坦、土库曼斯坦、塔吉克斯坦、巴基斯坦、吉尔吉斯斯坦、孟加拉国、印度、缅甸、印度尼西亚、菲律宾和埃及被聚为第Ⅰ类；哈萨克斯坦、泰国、马来西亚、沙特阿拉伯和俄罗斯被聚为第Ⅱ类；阿联酋、阿曼、科威特、卡塔尔、文莱和阿塞拜疆被聚为第Ⅲ类；阿富汗、伊拉克、叙利亚、蒙古国、新加坡和伊朗依次对应第Ⅳ类、第Ⅴ类、第Ⅵ类、第Ⅶ类、第Ⅷ类和第Ⅸ类。

通过以上聚类分析的结果，进一步验证了运用改进熵的 TOPSIS 进行合作风险排名的合理性。但对于 28 个国家所划分的 9 个合作风险类别，应考虑到中国与其开展油气资源合作前需进行的风险等级预判。结合改进熵的 TOPSIS 中合作风险综合评价的排名，在 9 类聚类结果的基础上，将其 9 个聚类簇分别对应不同的风险等级，具体划分为一级到九级，且分别对应极高风险到稍有风险等由强到弱的不同的风险等级。例如阿富汗在聚类分析中被单独聚为第Ⅳ类,结合该国在 TOPSIS 的风险综合评价排名中居于第一位,因此将其归为存在极高风险的一级风险等级中。综上分析,综合考虑风险排名表(见表6.2)和聚类分析图(见图6.2),得出对28个与中国开展油气资源合作的"一带一路"沿线国家的最终风险评价,从而得到相应的最终分类以及对应的风险等级划分,如表6.3所示。

表6.3　28个"一带一路"沿线国家油气资源合作风险分级

级别	风险程度	对应聚类序号	所含国家
一级	极高风险	Ⅳ	阿富汗
二级	高度风险	Ⅵ	叙利亚
三级	重大风险	Ⅶ	蒙古国
四级	较大风险	Ⅴ	伊拉克
五级	明显风险	Ⅸ	伊朗
六级	一般风险	Ⅰ	乌兹别克斯坦、土库曼斯坦、塔吉克斯坦、巴基斯坦、吉尔吉斯斯坦、孟加拉国、印度、缅甸、印度尼西亚、菲律宾、埃及
七级	轻微风险	Ⅲ	阿曼、科威特、阿塞拜疆、文莱、阿联酋、卡塔尔
八级	较低风险	Ⅱ	哈萨克斯坦、沙特阿拉伯、马来西亚、俄罗斯、泰国
九级	稍有风险	Ⅷ	新加坡

通过以上对28个国家的合作风险综合评价排名、聚类分析以及最终的风险等级划分情况的定性与定量综合分析,可以得出中国与其在具体开展油气资源合作时需要考虑的风险问题的相应结论。

6.2 中国与"一带一路"沿线国家油气资源合作风险分类分析

通过6.1的分析,最终把中国与28个"一带一路"沿线国家油气资源合作的风险分为9个等级,其中最高级别是极高风险,最低级别是稍有风险,不同国家根据18个风险评价指标值的差异,最终汇总成不同的综合值。针对这9类不同合作风险的国家,可以根据其评价指标的不同进一步分析其合作风险的特点。

6.2.1 中国与阿富汗油气资源合作风险分析

中国与阿富汗油气资源合作风险的类别是一级风险,即极高风险。依据附件中的指标值,可以看出在18个评价指标中,阿富汗的政治稳定、金融实力、营商环境、恐怖主义和油气产量5个指标在所有的28个备选国家中排名最后一位,清廉程度、双边文件、战争风险、人文发展、经济波动和基础设施6个指标在所有的28个备选国家中排名第27位。从目前来看,中国与阿富汗油气资源合作风险主要表现在以下几方面:

1. 地缘政治风险

阿富汗除了和中国接壤之外,周边国家还包括乌兹别克斯坦、土库曼斯坦、塔吉克斯坦、巴基斯坦和伊朗,其地理位置非常具有战略意义,是很多国家争夺的焦点。尤其是以美国为首的北约国家和俄罗斯都在对阿富汗施加影响力,扶植阿富汗国内的政治势力,造成阿富汗政治形势复杂多变。

2. 恐怖主义风险

在多年的战争和内战中,阿富汗的国家权威逐渐弱化,民众生活水平大幅下滑,宗教派别严重分化,导致恐怖主义势力兴起,恐怖袭击多发,并且向周边国家输出。油气生产工作人员也成为恐怖袭击的主要目标,油气工业区和周边地区的安全形势逐步恶化。

3. 经济环境风险

阿富汗是世界上最不发达的国家,绝大多数人口生活在贫困线以下,政府部门的腐败现象比较严重。多年的战乱和动荡颠覆了国家的经济根基，投资政策和法律体系还不完善，尤其是油气资源国际合作近年来才被提上日程，还没有制定与国外政府和油气资源企业开展油气资源合作的具体政策和规则，这必然影响中国政府和企业与其进行油气资源合作的信心。

4. 油气资源技术与作业风险

阿富汗目前发现的油气田可勘探程度低，勘探成本高，各个地层的资源分布不均匀，单个油气田的油气储量较低，原油的硫化物含量较高。油气田多处于山地和丘陵地区，其自然条件复杂，钻井、施工等作业难度大。阿富汗油气资源开发的管理和技术人员的缺乏也加剧了与其进行油气资源合作的技术风险。阿富汗基础设施薄弱，电力供应不是很稳定，油气开发作业区域经常出现断电情况，道路通行能力差，使得很多生产物资和生活物资难以顺畅运输。

6.2.2 中国与叙利亚油气资源合作风险分析

中国与叙利亚油气资源合作风险的类别是二级风险，即高度风险。依据附件中的指标值，可以看出在 18 个评价指标中，叙利亚的政治互信、清廉程度、政治稳定、经济波动、人文发展、恐怖势力、油气储量和油气产量 8 个指标在所有 28 个备选国家中排名最后一位，其余指标也都较为靠后。造成该种现象的原因在于自 2011 年起，叙利亚爆发内战，导致国家局势发生巨变，进而影响国家经济发展。政府连续 8 年财政预算赤字猛增，人均 GDP 和生活水平指数连年下降，严峻的经济形势又引发了许多社会问题，加之叙利亚本身的油气储量和产量并不具备优势，最终导致中国与其开展油气资源合作存在着较大风险。从目前来看，中国与叙利亚油气资源合作风险主要表现在以下几方面：

1. 地缘政治风险

叙利亚位于亚洲的西部，地中海东岸。该国作为连接亚洲、欧洲、非洲三大洲的桥梁，自古以来，作为各个大国占据中东的有利"大门"，其地理位置具有十分重要的战略意义。受国内不同宗教派别的影响，国家内部矛盾较大，极易产生冲突，地缘政治风险始终存在，进一步影响着中国与其开展油气资源合作的进程。

2. 经济波动风险

叙利亚国家经济结构单一、工业基础薄弱，工业现代化才历经几十年，大多数国有企业面临各类问题，如存在管理落后、效率低下、官僚作风等情况。尽管政府尝试进行一系列渐进式的经济改革，但由于缺乏完整的改革方案，对改革国有经济缺乏坚定的政治决心，再加上不利的国际环境，叙利亚的经济改革难以深入。特别是近年来，原来支撑叙利亚经济发展的石油资源储量逐年下降，加之国内遭受旱灾、人口增长过快等问题，导致叙利亚面临艰难的经济困境。

3. 政治互信风险

叙利亚政府的可信程度自 2011 年起始终受到叙利亚危机的影响，巴沙尔·阿萨德政权承受着各方反对派的压力。叙利亚国内各方势力的博弈使得其他国家与叙利亚政府进行合作的意愿逐渐降低。

6.2.3 中国与蒙古国油气资源合作风险分析

中国与蒙古国油气资源合作风险的类别是三级风险，即重大风险。依据附件中的指标值，可以看出在 18 个评价指标中，蒙古国的经济波动、债务风险和贸易开放程度 3 个指标在所有 28 个备选国家中排名最后一位，通货膨胀、油气产量 2 个指标在所有 28 个备选国家中排名第 27 位，其余指标均处于中等水平。中国与蒙古国进行油气资源合作时，存在以下几方面风险：

1. 政治稳定风险

蒙古国的政权走向一直是世界各国关注的焦点，自 1990 年起，蒙古国开始进行政治转型，使得该国成为奉行三权分立与多党民主制度的半总统制国家，但各党派间的合作基础不是特别牢固，时而产生分歧，进而影响国家政策制定的统一性和实施效果。

2. 经济波动风险

中国与蒙古国建交 60 多年以来，虽然经历了诸多曲折，但总体上保持着睦邻友好的关系,在重大事务上双方也积极相互支持。但蒙古国政治环境并不稳定,政策变化程度大,且人事变动频繁,政府部门内部存在一定的官僚主义、腐败问题,法律法规制定界限不明确,也有一些地方保护主义倾向。由政治问题引申出的投资风险较为突出,政府能力及政策的原因使得中国在与蒙古国进行油气资源合作的进程中需要不断花费精力和时间去适应政策变化,导致成本增加,加大了经济风险。

3. 油气开采技术风险

蒙古国处于中国和俄罗斯中间,是一个被两个大国包围的内陆国家。蒙古国的油气开采技术落后,油气产量也十分有限,油气资源产业在蒙古国并不属于重点和特色产业,对国家经济增长的贡献也并不十分突出,导致该国在与中国进行油气资源合作的进程中主动性不强、积极性不足。

6.2.4 中国与伊拉克油气资源合作风险分析

中国与伊拉克油气资源合作风险的类别是四级风险,即较大风险。依据附件中的指标值,可以看出在 18 个评价指标中,伊拉克的恐怖势力、基础设施 2 个指标在所有 28 个备选国家中排名第 27 位,其政治风险、经济风险和社会安全风险均处于高危水平,但在油气储量和油气产量方面仍然占据一定的优势地位。受伊拉克战乱影响,中国与其开展油气资源合作的风险较大。从目前来看,中国与伊拉克油气资源合作风险主要表现在以下几方面:

1. 石油产量风险

伊拉克石油储量丰富,石油开采成本相较于其他中东国家要低至少20%,石油资源成为推动该国发展的重大推力。但伊拉克受连年战争的破坏,石油产量严重受损。即便目前产量有所回升,但从长远来看,该国的石油产量仍存在着很强的不稳定性,这严重影响了中国与其进行油气资源合作的进程。

2. 基础设施风险

受战争的影响,伊拉克的基础设施遭到严重破坏,交通、水电、通信均受到了严重影响。以交通运输为例,虽然大多数公路已经进行维修,但是仍然不能满足日常交通需求，铁路更是受到了严重损坏。类似的情况也发生在通信、水电等维系民众生活的各个方面，基础设施的重建也将经历很长时间，这无疑对中国与伊拉克进行油气资源合作产生了巨大影响。

3. 政治稳定风险

美国在推翻萨达姆政权后，根据其民主计划重新构建了伊拉克的政治结构，但伊拉克宗教结构多种多样，各方政治诉求各不相同，造成各方利益冲突加剧，使得新的政治结构难以稳固，整个国家处于不断动荡的状态，这无疑给中国与伊拉克的油气资源合作蒙上了一层阴影。

6.2.5 中国与伊朗油气资源合作风险分析

中国与伊朗油气资源合作风险的类别是五级风险，即明显风险。依据附件中的指标值，可以看出在 18 个评价指标中，伊朗在贸易开放程度、恐怖势力和社会治安 3 个指标上均处于劣势，其余指标处于中等水平。从目前来看，中国与伊朗油气资源合作风险主要表现在以下几方面：

1. 政治互信风险

受核问题影响，欧美对伊朗的制裁虽然已经逐步缓解，但主要涉及的是与伊朗核问题有关的经济方面，其他方面的约束仍然存在，且伊朗与欧美国家间的政治互信程度一直不高，双方关系也不时出现紧张局面。这使得中国在与伊朗进行油气资源合作时，不得不考虑可能出现的政治互信的风险。

2. 营商环境风险

长期以来，伊朗政府对经济的干预较多，如伊朗政府制定了严格的外籍员工雇佣规章制度，严格管控生产资料和生活物资的价格。与此同时，伊朗政府制定的各项政策需要进一步公开，官员中存在一些腐败问题，办事效率有待提高，这一系列问题都有可能增加中国油气资源企业在伊朗进行油气资源项目投资的成本和风险。

3. 贸易开放风险

伊朗长期受到欧美的制裁，在长达 30 多年的制裁过程中，西方国家很少对伊朗进行投资。近年来，中国与伊朗之间建立了良好的合作基础，油气资源合作项目开展得也比较顺利。但随着制裁的逐步解除，西方国家逐渐将目光投向了伊朗市场，伊朗逐渐进入更为广阔的国际油气贸易体系中，中国由此可能会失去一定的优惠政策等，使得中国与伊朗在今后的油气资源合作进程中面临着更为激烈的行业竞争。

6.2.6 中国与乌兹别克斯坦等国油气资源合作风险分析

根据上述实证分析可得，中国与乌兹别克斯坦、印度尼西亚、土库曼斯坦、塔吉克斯坦、吉尔吉斯斯坦、印度、菲律宾、孟加拉国、缅甸、巴基斯坦、埃及 11 个国家进行油气资源合作的风险属于六级风险，即一般风险。依据附件中的指标值，可以看出在 18 个评价指标中，这 11 个国家的政治风险、经济风险、社会安全风险和资源环境与技术风险 4 类风险均处于平均水平。

本章节由于涉及多个国家，添加了聚类分析和相应分析，对中国与其开展油气资源合作的风险进行分类陈述。运用代表性油气资源合作风险评价指标对上述 11 个六级风险国家进行聚类分析。为更加方便地表明聚类数，使用轮廓系数确定分类类别。表 6.4 和图 6.3 分别为六级风险国家轮廓系数分析。

表 6.4 六级风险国家轮廓系数表

六级风险国家	聚类 2	聚类 3	聚类 4	聚类 5	聚类 6	聚类 7	聚类 8	聚类 9	聚类 10
乌兹别克斯坦	0.49	− 0.44	0.35	1.00	1.00	1.00	1.00	1.00	1.00
土库曼斯坦	0.79	0.84	1.00	0.60	0.60	1.00	1.00	1.00	1.00
吉尔吉斯斯坦	0.77	0.52	0.34	0.26	0.25	0.38	1.00	1.00	1.00
塔吉克斯坦	0.85	− 0.44	0.04	0.07	− 0.06	0.28	− 0.13	1.00	1.00
巴基斯坦	0.80	0.14	0.47	− 0.66	1.00	0.31	1.00	1.00	1.00
印度	0.88	0.92	0.20	0.68	0.68	0.98	0.98	0.98	1.00

续表

六级风险国家	聚类 2	聚类 3	聚类 4	聚类 5	聚类 6	聚类 7	聚类 8	聚类 9	聚类 10
孟加拉国	0.82	0.32	0.68	1.00	0.69	0.78	-0.47	0.69	0.69
印度尼西亚	0.88	0.92	0.14	0.70	0.70	0.98	0.98	0.98	1.00
菲律宾	0.85	0.26	-0.12	-0.17	-0.20	1.00	1.00	1.00	1.00
缅甸	0.86	0.17	0.70	-0.82	0.79	0.66	0.25	0.79	0.79
埃及	0.77	0.16	-0.09	-0.13	1.00	1.00	1.00	1.00	1.00
轮廓系数平均数	0.80	0.31	0.34	0.23	0.59	0.76	0.69	0.949	0.952

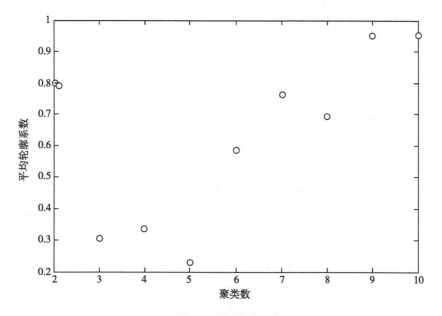

图 6.3　六级风险国家轮廓系数示意图

从表 6.4 和图 6.3 可知，聚类数为 10 类时，轮廓系数达到最大，但结合实际，聚类数为 9 或 10 时，对于 11 个国家进行分类，显然是不合理的。因此本书选择将 11 个国家分为 7 类，由此可得到聚类分析的谱系图，如图 6.4 所示。

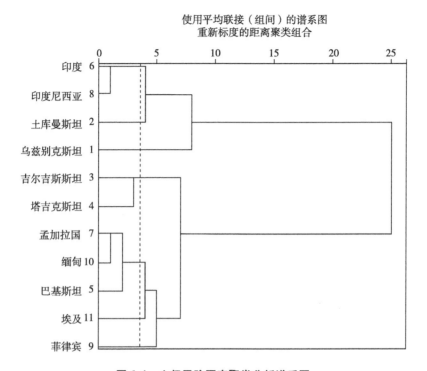

图 6.4　六级风险国家聚类分析谱系图

从谱系图 6.4 可以发现，11 个六级风险国家可合理分成 7 类，即第一类（印度和印度尼西亚）、第二类（土库曼斯坦）、第三类（乌兹别克斯坦）、第四类（吉尔吉斯斯坦和塔吉克斯坦）、第五类（孟加拉国、缅甸和巴基斯坦）、第六类（埃及）和第七类（菲律宾）。根据上述分析，中国在对属于同类别的国家进行油气资源合作的进程中，可采取类似的合作战略，对不同类别的国家应对合作项目有所侧重，以便减轻政府在制定合作战略时的工作量，也可在一定程度上提高油气资源的合作效率。

上述聚类分析可帮助中国实行具有差异性的油气资源合作战略，但针对合作战略的侧重点还有待进一步研究，因此本章节又引入相应分析方法，目的在于研究 18 个风险指标对各个国家的影响程度。利用 11 个国家的原始数据进行相应分析，可得到图 6.5。

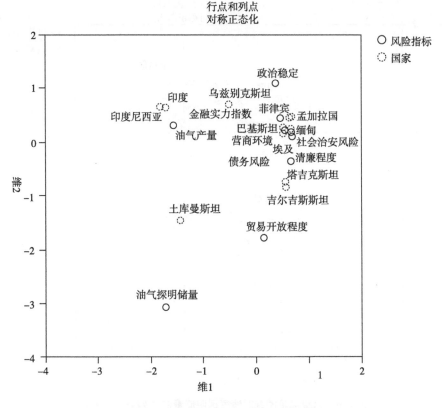

图 6.5　六级风险国家相应分析结果图

相应分析结果反映了影响因素与国家之间的关联程度，可采用向量法将这种关联程度进行排序分析。所谓的向量法，指的是以中心点与某一影响因素的连接的向量作为"偏好"判断基准线，国家向该向量做垂线向量，对应的垂点越接近向量的正向，表明这一因素对该国家的"偏好"越大，也就是国家受到该类因素的影响越大。以油气储量风险为例（如图 6.6 所示），从中心点向油气储量坐标点连线做向量，随后各个国家均向该向量及其延长线上做垂线，垂线越靠近正向表示越偏好这种影响因素。

以油气探明储量为研究对象，通过向量分析可知，11 个国家在油气探明储量方面从高到低依次排名为土库曼斯坦、吉尔吉斯斯坦、塔吉克斯坦、印度尼西亚、印度、埃及、乌兹别克斯坦、巴基斯坦、缅甸、孟加拉国和菲律

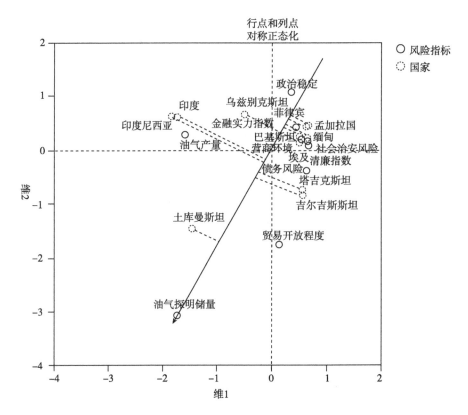

图6.6 六级风险国家对油气探明储量的"偏好"示意图

宾。因此，中国在与这11个国家进行油气资源合作时，可针对这些国家的油气探明储量大小有的放矢地开展项目合作。

利用上述向量分析的方法，针对11个六级风险国家的实际情况，中国与这些六级风险国家进行油气资源合作的风险分析主要包括以下几方面：

1. 清廉指数方面

通过向量分析可得，这11个六级风险国家的清廉指数影响程度从高到低依次为：孟加拉国>菲律宾>缅甸>巴基斯坦>埃及>塔吉克斯坦>吉尔吉斯斯坦>乌兹别克斯坦>土库曼斯坦>印度>印度尼西亚。

孟加拉国属于世界上最不发达的国家之一，政府腐败问题较为严重；菲律宾一直被认为具有较好的经济政治体制，但随着近年来的贪腐丑闻不断曝光，国际上对该国的政府清廉状况产生怀疑；缅甸的腐败指数一直处于较高水平，虽然政府近年来逐步鼓励民众举报贪官，但是想要营造良好的政策环境还需要一段较长的时间；巴基斯坦、埃及、塔吉克斯坦、吉尔吉斯斯坦、乌兹别克斯坦和土库曼斯坦在政府清廉方面基本处于国际中下水平；印度和印度尼西亚近几年采取多种措施帮扶弱势群体，进行反腐倡廉，使得国家形象变得更为清廉。

2. 政治稳定风险

通过向量分析可得，这 11 个六级风险国家的政治稳定风险影响程度从高到低依次为：孟加拉国 > 菲律宾 > 乌兹别克斯坦 > 埃及 > 缅甸 > 巴基斯坦 > 印度 > 印度尼西亚 > 塔吉克斯坦 > 吉尔吉斯斯坦 > 土库曼斯坦。

孟加拉国国内政治暴力问题时有发生，且党内竞争十分激烈；菲律宾虽然国内局势较为平稳，但是局部地区的武装冲突持续不断，且菲律宾政坛腐败问题一直是该国的一大"顽疾"；缅甸中央和地方政策缺少稳定性和一致性，使得该国政治稳定性较差，导致中国与其进行油气资源合作时风险增大；在中亚这一矛盾交织的区域，乌兹别克斯坦一直致力于保证国家政权的稳定；埃及、缅甸、巴基斯坦、印度、印度尼西亚、塔吉克斯坦、吉尔吉斯斯坦、土库曼斯坦等其他 8 个国家，虽然面临诸多问题，但都积极致力于维护政治稳定，持续推动国家局势平稳。

3. 金融实力方面

通过向量分析可得，这 11 个六级风险国家的金融实力方面的影响程度从高到低依次为：孟加拉国 > 菲律宾 > 缅甸 > 巴基斯坦 > 埃及 > 塔吉克斯坦 > 吉尔吉斯斯坦 > 乌兹别克斯坦 > 土库曼斯坦 > 印度 > 印度尼西亚。

孟加拉国国民经济基础十分薄弱，虽然有纺织服装业作为该国的经济命脉，但金融方面的发展仍然较为滞后；菲律宾近年来金融市场表现不稳定，导致金融实力受到一定影响；缅甸金融发展较为缓慢，主要原因在于金融结构不完善，影响了整体的金融实力；巴基斯坦、埃及、塔吉克斯坦、吉尔吉斯斯坦、乌兹别克斯坦和土库曼斯坦等国家的金融业开放较早，发展也比较迅速；印度和印度尼西亚在金融科技方面均表现出不菲的成绩。

4. 债务风险

通过向量分析可得，这 11 个六级风险国家的债务风险影响程度从高到低依次为：吉尔吉斯斯坦 > 塔吉克斯坦 > 缅甸 > 埃及 > 巴基斯坦 > 孟加拉国 > 菲律宾 > 土库曼斯坦 > 乌兹别克斯坦 > 印度 > 印度尼西亚。

吉尔吉斯斯坦和塔吉克斯坦两国均面临高额的外债，加之自身经济发展缓慢，使得偿还债务的能力减弱；缅甸每年需偿还的巨额债务使得该国的违约风险加剧；埃及和巴基斯坦虽然 GDP 增长显著，但是以埃及为例，2017 年政府债务总额增加至国内生产总值的 106%，因此债务风险仍然保持较高水平；对于孟加拉国而言，2017 年的数据显示，该国未偿还的对外债务占国内生产总值的比例高达 11.40%；菲律宾 2017 年债务上升到 6.65 万亿比索；土库曼斯坦、乌兹别克斯坦、印度和印度尼西亚 4 个国家的外国投资使得国家得到一定的发展，债务负担相对较低。

5. 营商环境风险

通过向量分析可得，这 11 个六级风险国家的营商环境风险影响程度从高到低依次为：孟加拉国 > 菲律宾 > 缅甸 > 巴基斯坦 > 埃及 > 塔吉克斯坦 > 吉尔吉斯斯坦 > 乌兹别克斯坦 > 印度 > 印度尼西亚 > 土库曼斯坦。

孟加拉国虽有一定的自然资源，但国家整体上还是农业国，在 2017 年世界银行发布的《营商环境报告》排名中，孟加拉国在 190 个国家和地区中排名第 170 位，表明该国并不适合进行较大规模的投资；菲律宾政府办事效率低下，导致该国的营商环境持续恶化，但 2018 年 5 月，该国政府为了提升办事效率，改善国家营商环境，颁布了《2018 年营商便利法案和政府高效办公法案》；在 2017 年世界银行发布的《营商环境报告》排名中，缅甸在 190 个国家和地区中排名第 171 位；巴基斯坦和埃及国内的营商环境较差，但从近年的发展趋势来看，这两个国家均致力于改善本国的营商环境；塔吉克斯坦、吉尔吉斯斯坦、乌兹别克斯坦、印度、印度尼西亚和土库曼斯坦虽然个别国家营商环境排名靠后，但是结合政治稳定性来看，中国与这 6 个国家进行油气资源合作的总体营商环境比较理想。

6. 贸易开放风险

通过向量分析可得，这 11 个六级风险国家的贸易开放风险影响程度从高到低依次为：土库曼斯坦 > 吉尔吉斯斯坦 > 塔吉克斯坦 > 埃及 > 缅甸 > 巴基斯坦 > 菲律宾 > 孟加拉国 > 乌兹别克斯坦 > 印度 > 印度尼西亚。

土库曼斯坦、吉尔吉斯斯坦、塔吉克斯坦和埃及本身的贸易开放程度不高，加之这些国家对有关外国投资的一系列政策还不够宽松，限制较多，因此中国在与这些国家进行油气资源合作时应重点关注这一因素的影响；缅甸和巴基斯坦对中国实行的贸易开放政策比较开放务实，有利于推动中国与其进行油气资源合作；菲律宾作为实行市场经济的国家，对国内投资和外国投资实行统一管理，并执行统一的法律法规，造成了中国在与其进行油气资源合作进程中受到诸多阻碍；孟加拉国对外贸易政策十分特殊，外汇管制严格，使得中国的油气资源企业在与孟加拉国的油气资源贸易中处于劣势地位；乌兹别克斯坦、印度和印度尼西亚的贸易开放程度比较高，有利于中国与其进行油气资源合作。

7. 社会安全风险

通过向量分析可得，这 11 个六级风险国家的社会安全风险影响程度从高到低依次为：孟加拉国 > 菲律宾 > 缅甸 > 巴基斯坦 > 埃及 > 塔吉克斯坦 > 吉尔吉斯斯坦 > 乌兹别克斯坦 > 土库曼斯坦 > 印度 > 印度尼西亚。

近年来，孟加拉国的地方黑恶势力和地方保护主义力量较强，国内社会治安环境较为恶劣；菲律宾和缅甸受激进派影响，社会治安水平不断下降；巴基斯坦国内虽然存在一些不安全的因素，但该国总体治安环境相对比较稳定；埃及、塔吉克斯坦、吉尔吉斯斯坦、乌兹别克斯坦、土库曼斯坦、印度和印度尼西亚等国家由于少有极端恐怖分子等不安定因素的影响，因此社会治安环境总体较好。

8. 油气储量风险

通过向量分析可得，这 11 个六级风险国家的油气储量风险影响程度从高到低依次为：土库曼斯坦 > 吉尔吉斯斯坦 > 塔吉克斯坦 > 印度尼西亚 > 印度＞埃及＞乌兹别克斯坦＞巴基斯坦＞缅甸＞孟加拉国＞菲律宾。

土库曼斯坦油气资源十分丰富，虽然该国是天然气主要出口国家，但其原油出口潜力却非常有限，中国在与其进行油气资源合作的进程中需注意这一现象；吉尔吉斯斯坦虽然油气资源较少，但是开发潜力巨大；塔吉克斯坦、印度尼西亚、印度、埃及、乌兹别克斯坦和巴基斯坦油气资源均具有一定优势；相较于中东等油气资源丰富的地区，孟加拉国和菲律宾在油气储量方面并不占优势；缅甸拥有丰富的油气资源，是东南亚油气储量最为丰富的国家之一。

9. 油气产量风险

通过向量分析可得，这 11 个六级风险国家的油气产量风险影响程度从高到低依次为：印度尼西亚＞印度＞土库曼斯坦＞乌兹别克斯坦＞埃及＞巴基斯坦＞菲律宾＞孟加拉国＞缅甸＞塔吉克斯坦＞吉尔吉斯斯坦。

印度尼西亚和印度油气资源比较丰富，由于其自身油气资源消耗较大，这两个国家的油气产量一直保持相对较高水平，处于油气产量的优势地位；土库曼斯坦、乌兹别克斯坦、埃及和巴基斯坦均作为重要的石油生产国，油气产量一直保持在较高水平；菲律宾本身油气资源匮乏，产量更不具有优势；孟加拉国虽然近年来油气勘探开发取得了显著进展，但该国油气产量总体还不大，且自身油气资源消耗比较大，使得该国成为石油净进口国；缅甸虽然油气储量占有一定优势，但大多处于未开采状态，油气资源开采能力有限，缺乏开采技术等关键问题始终影响该国油气资源的产量；塔吉克斯坦和吉尔吉斯斯坦由于沉积盆地较少，油气资源本身偏少，因此使得油气产量不占优势。

6.2.7 中国与阿曼等国油气资源合作风险分析

中国与阿曼、科威特、阿塞拜疆、文莱、阿联酋和卡塔尔等 6 个国家的油气资源合作风险类别为七级风险，即轻微风险。依据附件中的指标值，可以看出在 18 个评价指标中，阿曼、科威特、阿塞拜疆、文莱、阿联酋和卡塔尔等 6 个国家在政治风险、经济风险、社会安全风险和资源环境与技术风险 4 类风险方面均处于平均水平。

采用聚类分析和相应分析对中国与上述 6 个国家开展油气资源合作的风险进行分类陈述。运用原始数据对上述 6 个七级风险国家进行聚类分析，表 6.5 和图 6.7 分别为七级风险国家轮廓系数分析。

表 6.5　七级风险国家轮廓系数表

七级风险国家	聚类 2	聚类 3	聚类 4	聚类 5
文莱	1.000000	1.000000	1.000000	1.000000
阿联酋	0.992186	0.443195	0.796492	0.884179
阿曼	0.988841	0.128899	0.672293	1.000000
科威特	0.992435	0.470508	0.840477	0.845338
卡塔尔	0.978848	0.457861	1.000000	1.000000
阿塞拜疆	0.982635	1.000000	1.000000	1.000000
轮廓系数平均数	0.989157	0.583410	0.884877	0.954919

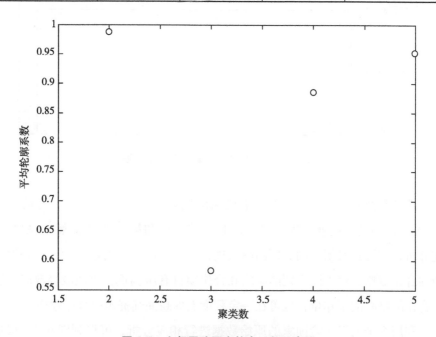

图 6.7　七级风险国家轮廓系数示意图

从图 6.7 可知，聚类数为 2 类时，轮廓系数达到最大，结合实际，显然是合理的，因此本书选择将 6 个国家分为 2 类，由此可得到聚类分析的谱系图，如图 6.8 所示。

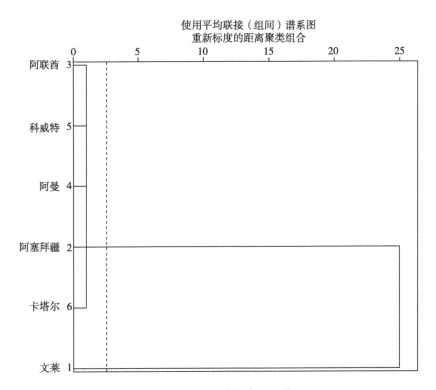

图 6.8　七级风险国家聚类分析谱系图

从谱系图 6.8 可发现，6 个七级风险国家可合理分为两类，即第一类（阿曼、科威特、阿塞拜疆、阿联酋和卡塔尔）和第二类（文莱）。根据上述分析，中国在对属于同类别的国家进行油气资源合作的进程中，可采取类似的合作战略，对不同类别的国家和合作项目有所侧重，以便减轻政府在制定合作战略时的工作量，也可在一定程度上提高油气资源的合作效率。

利用 6 个七级风险国家的原始数据进行相应分析，可得到图 6.9。根据相应分析结果，以向量分析的方法研究各类风险对国家的影响程度。以油气储量风险为例（如图 6.10 所示），从中心点向油气储量坐标点连线做向量，随后各个国家均向该向量及其延长线上做垂线，垂线越靠近正向表示越偏好这种影响因素。

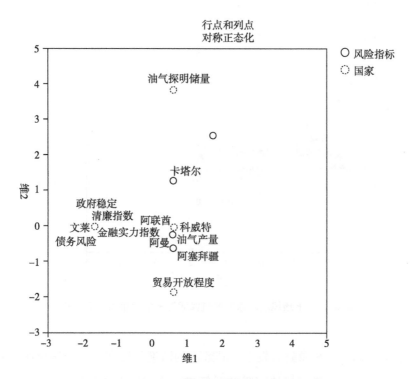

图 6.9 七级风险国家相应分析结果图

以油气探明储量为研究对象，通过向量分析可知，6 个国家在油气探明储量方面从高到低依次为：卡塔尔、阿联酋、科威特、阿曼、阿塞拜疆和文莱，因此中国政府和油气资源企业在与这 6 个国家进行油气资源合作时，可根据这些国家的油气探明储量大小有的放矢地与其开展合作。

利用上述向量分析的方法，针对 6 个七级风险国家的实际情况，中国与这 6 个七级风险国家进行油气资源合作的风险分析主要包括以下几方面：

1. 清廉指数方面

通过向量分析可得，这 6 个七级风险国家的清廉指数方面的影响程度从高到低依次为：文莱 > 卡塔尔 > 阿联酋 > 科威特 > 阿曼 > 阿塞拜疆。

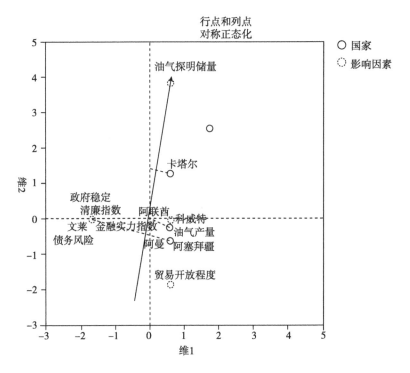

图6.10 七级风险国家对油气探明储量的"偏好"示意图

文莱国内贪腐现象鲜有发生,其政府的清廉程度在亚太地区仅次于新加坡,位居第二;卡塔尔超越阿联酋后便成为中东和北非地区最清廉的国家;科威特、阿曼和阿塞拜疆三国的政府始终具有不错的政绩,腐败现象也较少。

2. 政治稳定风险

通过向量分析可得,这6个七级风险国家的政治稳定风险影响程度从高到低依次为:文莱 > 卡塔尔 > 阿联酋 > 科威特 > 阿曼 > 阿塞拜疆。

文莱能够长期保持政治稳定依赖于国家良好的政策和人民的团结,这也是被国际社会认同的;卡塔尔政府几乎将所有具有劳动力的公民都纳入政府保障体系,依靠政府财政养活,因此,卡塔尔成为世界上失业率最低的国家,也是世界上最稳定的国家之一;阿联酋、科威特、阿曼和阿塞拜疆的国家政局始终保持稳定。

3. 金融实力方面

通过向量分析可得，这 6 个七级风险国家的金融实力方面的影响程度从高到低依次为：文莱 > 阿塞拜疆 > 阿曼 > 卡塔尔 > 阿联酋 > 科威特。

文莱在金融科技方面作为后起之秀逐渐处于国际领先水平；阿塞拜疆和阿曼两国经历国家经济结构转型后逐渐发力，在金融方面占据一定优势；阿联酋和科威特在宏观经济和金融市场运行方面始终保持稳健的发展态势。

4. 债务风险

通过向量分析可得，这 6 个七级风险国家的债务风险影响程度从高到低依次为：文莱 > 阿塞拜疆 > 阿曼 > 阿联酋 > 科威特 > 卡塔尔。

在全球经济面临更加沉重的债务风险时，文莱、阿塞拜疆、阿曼、阿联酋、科威特和卡塔尔也都在各自经济快速发展的过程中承担着巨额的债务。

5. 贸易开放风险

通过向量分析可得，这 6 个七级风险国家的贸易开放风险影响程度从高到低依次为：阿塞拜疆 > 阿曼 > 科威特 > 阿联酋 > 卡塔尔 > 文莱。

阿塞拜疆、阿曼和科威特与中国的经贸交流十分密切，中国在与这三个国家进行油气资源合作的过程中，具有较好的合作基础，处于相对优势的地位；阿联酋、卡塔尔和文莱虽然一直实行开放的贸易政策，但与中国在油气资源方面的合作还有待进一步加深。

6. 油气储量风险

通过向量分析可得，这 6 个七级风险国家的油气储量风险影响程度从高到低依次为：卡塔尔 > 阿联酋 > 科威特 > 阿曼 > 阿塞拜疆 > 文莱。

卡塔尔、阿联酋、科威特和阿曼由于特殊的地理构造，无论是石油还是天然气，在储量方面都具有天然的比较优势；阿塞拜疆和文莱的石油储量也较高，国家经济发展主要以石油和天然气作为支柱产业，油气资源在整个国家经济社会发展中起着至关重要的作用。

7. 油气产量风险

通过向量分析可得，这 6 个七级风险国家的油气产量风险影响程度从高到低依次为：阿塞拜疆 > 阿曼 > 科威特 > 阿联酋 > 卡塔尔 > 文莱。

阿塞拜疆具有较为先进的开采技术，使得该国弥补了与其他油气大国在油气储量方面的差距；阿曼、科威特、阿联酋和卡塔尔依靠自身具有的油气资源优势，大力开发油气资源，成为国际上油气资源重要的出口国家；文莱近年来的油气产量呈现逐渐下降的趋势。

6.2.8 中国与哈萨克斯坦等国油气资源合作风险分析

中国与哈萨克斯坦、沙特阿拉伯、马来西亚、俄罗斯和泰国等 5 个国家的油气资源合作风险类别为八级风险，即较低风险。依据附件中的指标值，可以看出在 18 个评价指标中，哈萨克斯坦、沙特阿拉伯、马来西亚、俄罗斯和泰国 5 个国家的政治风险、经济风险、社会安全风险及资源环境与技术风险 4 类风险均处于相对较低水平。

运用原始数据对上述 5 个八级风险国家进行聚类分析，表 6.6 和图 6.11 分别为八级风险国家轮廓系数分析结果。

表 6.6　八级风险国家轮廓系数表

八级风险国家	聚类 2	聚类 3	聚类 4
哈萨克斯坦	0.995033	0.823939	1.000000
泰国	1.000000	1.000000	1.000000
马来西亚	0.982494	1.000000	1.000000
沙特阿拉伯	0.993951	0.928867	0.779163
俄罗斯	0.993597	0.931256	0.789251
轮廓系数平均数	0.993015	0.936812	0.913683

从图 6.11 可知，聚类数为 2 类时，轮廓系数达到最大，因此本书选择将 5 个国家分为 2 类，由此可得到聚类分析的谱系图，如图 6.12 所示。

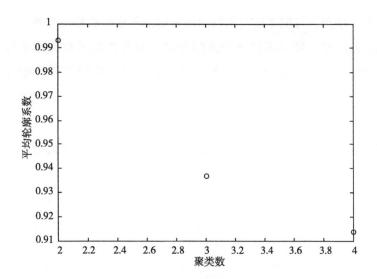

图 6.11　八级风险国家轮廓系数示意图

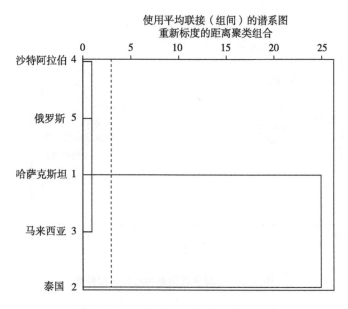

图 6.12　八级风险国家聚类分析谱系图

　　从谱系图 6.12 可发现，5 个八级风险国家可合理分为两类，即第一类（哈萨克斯坦、沙特阿拉伯、马来西亚和俄罗斯）和第二类（泰国）。根据

115

上述分析，中国在与属于同类别的国家开展油气资源合作的进程中，可采取类似的合作战略，针对不同类别的国家也应对合作领域和合作项目有所侧重，以便减轻中国政府和油气资源企业在制定油气资源合作战略时的工作量，也可在一定程度上提高中国政府和油气资源企业与这些国家开展油气资源的合作效率。

　　利用5个八级风险国家的原始数据进行相应分析，可得到图6.13。

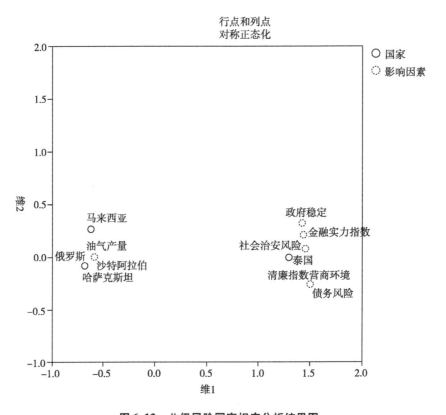

图 6.13　八级风险国家相应分析结果图

　　根据相应分析结果，以向量分析的方法研究各类风险指标对国家的影响程度。以油气储量风险为例（如图 6.14 所示），从中心点向油气储量坐标点连线做向量，随后各个国家均向该向量及其延长线上做垂线，垂线越靠近正向表示越偏好这种影响因素。

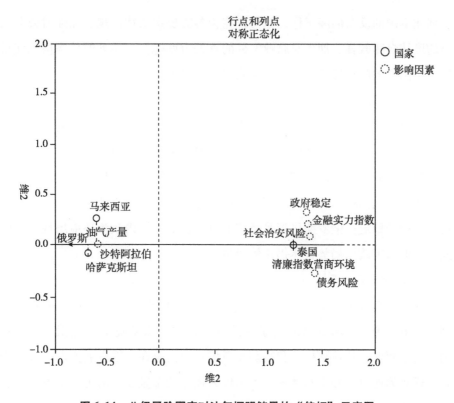

图 6.14　八级风险国家对油气探明储量的"偏好"示意图

以油气产量为研究对象，通过向量分析可知，5 个国家在油气产量方面从高到低依次排名为：俄罗斯、哈萨克斯坦、马来西亚、沙特阿拉伯和泰国，因此，中国政府和油气资源企业在与这 5 个国家开展油气资源合作时，可根据这些国家的油气产量大小有的放矢地与其开展合作。

利用上述向量分析的方法，针对 5 个八级风险国家的实际情况，中国与这 5 个八级风险国家进行油气资源合作的风险分析主要包括以下几方面：

1. 清廉指数方面

通过向量分析可得，这 5 个八级风险国家的清廉指数方面的影响程度从高到低依次为：泰国＞沙特阿拉伯＞马来西亚＞哈萨克斯坦＞俄罗斯。泰国、沙特阿拉伯、马来西亚、哈萨克斯坦、俄罗斯这 5 个国家之前都存在较为严重的官僚腐败问题，但近年来这 5 个国家均采取了多种措施，从不同角度强化本国的反腐倡廉工作，如修订完善各类反贪法律法规、加强对公职人员的廉洁自律教育、加大对腐败案件的查处力度等。一系列的反腐措施使得这 5 个国家的政治环境均得到了不同程度的改善。

2. 政治稳定风险

通过向量分析可得，这 5 个八级风险国家的政治稳定风险影响程度从高到低依次为：泰国＞马来西亚＞沙特阿拉伯＞哈萨克斯坦＞俄罗斯。泰国作为多党执政的国家，由此带来的阶级利益冲突使得国家政局偶有震荡，但整体形势还是较为稳定的；马来西亚、沙特阿拉伯和哈萨克斯坦 3 个国家的政局一直比较稳定；俄罗斯尽管受经济下滑的影响，国内政治环境出现了一些问题，但国家政坛局势整体仍比较稳定。

3. 金融实力方面

通过向量分析可得，这 5 个八级风险国家的金融实力方面的影响程度从高到低依次为：泰国＞马来西亚＞沙特阿拉伯＞哈萨克斯坦＞俄罗斯。泰国、马来西亚、沙特阿拉伯和哈萨克斯坦 4 个国家在金融发展方面一直处于相对优势的地位，并不断展现出各国较为强大的金融发展潜力；俄罗斯随着经济结构的不断转型升级，金融实力也得到了一定的发展。

4. 债务风险

通过向量分析可得，这 5 个八级风险国家的债务风险影响程度从高到低依次为：泰国＞沙特阿拉伯＞哈萨克斯坦＞俄罗斯＞马来西亚。泰国、马来西亚、沙特阿拉伯、哈萨克斯坦和俄罗斯这 5 个国家近年来持续加大对实体经济、基础设施等方面的投入，但由于本国财政收入有限，大量的资金投入使得各国的债务负担持续加重。因此，中国政府和油气资源企业在与这 5 个国家进行油气资源合作的过程中需要特别注意各国的债务危机。

5. 营商环境风险

通过向量分析可得，这 5 个八级风险国家的营商环境风险影响程度从高到低依次为：泰国＞沙特阿拉伯＞哈萨克斯坦＞俄罗斯＞马来西亚。首先，泰国、马来西亚、沙特阿拉伯、哈萨克斯坦和俄罗斯这 5 个国家在世界银行每年发布的营商环境报告中，均处于国际中上水平，证明其整体营商环境较好；其次，这 5 个国家长期以来始终与中国保持高度密切的合作，与中国政府和油气资源企业具有良好的合作基础和强烈的合作意愿。

6. 社会治安风险

通过向量分析可得，影响程度从高到低依次为：泰国 > 沙特阿拉伯 > 马来西亚 > 哈萨克斯坦 > 俄罗斯。泰国、马来西亚、沙特阿拉伯和哈萨克斯坦在良好的政策背景下保持着较好的社会治安环境；相较于上述 4 个国家，俄罗斯在社会治安方面稍有欠缺，但其严格的法律法规，使得社会治安水平整体上在不断提升中。

7. 油气产量风险

通过向量分析可得，这 5 个八级风险国家的油气产量风险影响程度从高到低依次为：俄罗斯 > 哈萨克斯坦 > 马来西亚 > 沙特阿拉伯 > 泰国。俄罗斯是世界第一石油产量国，且今后的油气产量潜力巨大；泰国、马来西亚、沙特阿拉伯和哈萨克斯坦近年来油气产量逐步上升，发展潜力巨大。

6.2.9　中国与新加坡油气资源合作风险分析

中国与新加坡油气资源合作风险的类别为九级风险，即稍有风险。依据附件中的指标值，可以看出在 18 个评价指标中，新加坡虽然在油气储量和油气产量方面在 28 个国家中排名最后一位，但是其余指标均处于绝对优势地位。新加坡扼守马六甲海峡，连接着中国南海和印度洋，各国都将新加坡视为进入亚洲地区的"跳板"，这也是许多知名的国际石油公司在此投资建厂的原因。新加坡与中国的油气资源合作并不偏向油气进口或油气资源开发项目，而是利用自身的优势，很好地将石油贸易与运输的中转相互结合起来，成为世界上仅次于上海的第二大国际港口。新加坡在具有优势的同时，也有一些自身的不足之处，中国在与其进行油气资源合作时，也要注意合作的风险，主要包括以下几方面：

1. 贸易开放风险

新加坡作为东盟国家中经济发展状况较好的典范国家，尤其是在贸易层面，无论是在产业结构方面，还是在规模总量方面均处于世界领先地位。从整体产业结构方面分析，新加坡属于世界上的贸易大国，新加坡也愿意与世界各国开展经贸合作。但相比欧美发达国家，中国在对外贸易方面还存在一定的弱项，加之受一些人为因素的影响，中国政府和油气资源企业在与新加坡开展油气资源合作时，竞争优势并不十分明显，面临着来自欧美发达国家的激烈竞争。

2. 资源环境风险

新加坡虽然拥有地理位置的优势，但是新加坡的国土面积很小，资源较为匮乏，尤其是油气资源严重不足，新加坡的油气资源供给长期依赖进口，其油气资源供给受国际油气价格的变动影响较大。除此之外，新加坡劳动力缺乏且成本较高，这些都是需要中国政府和油气资源企业在与其进行油气资源合作时注意的问题。

3. 经济波动风险

新加坡在诸多方面都严重依赖进口，极易受到外部因素的影响，国际经济环境稍有风吹草动就可能引起新加坡国内经济的波动。从历史的角度来看，无论是石油危机还是亚洲金融危机，外部经济体的动荡都给新加坡国内经济造成了较为严重的影响，究其原因，主要还是新加坡经济过度依赖国际贸易和国际资本流动。因此，中国政府和油气资源企业在与新加坡进行油气资源合作时需特别注意防范这方面的风险。

6.3 本章小结

本章根据第 5 章的计算方法，实证分析了 28 个与中国开展油气资源合作的"一带一路"沿线国家的风险，并且按照风险层次的不同，结合评价指标深入分析了各个国家的实际国情和风险。主要工作内容及结论如下：

（1）采用改进熵的 TOPSIS 综合评价方法，对 28 个与中国开展油气资源合作的"一带一路"沿线国家的风险进行排名。排名显示，中国在与其开展油气资源合作过程中风险最大的"一带一路"沿线国家是阿富汗，风险最小的是新加坡。

（2）考虑到油气资源合作风险的范围，结合层次式聚类分析和谱系图分析结果，将 28 个与中国开展油气资源合作的"一带一路"沿线国家的风险分为 9 个级别，最高级别是极高风险，最低级别是稍有风险。

（3）对 28 个与中国开展油气资源合作的"一带一路"沿线国家按照 9 个风险级别进行逐类研究，采用相应分析的方法，分析政治风险、经济风险、社会安全风险和资源环境与技术风险 4 个一级评价指标和 18 个二级评价指标对于相应国家的影响程度，为中国政府和油气资源企业有针对性地制定与"一带一路"沿线国家油气资源合作战略提供参考依据。

第7章 中国与"一带一路"沿线国家油气资源合作风险防控对策

"一带一路"倡议作为一项经济发展倡议,更是一项国家安全倡议和国际交流合作倡议,中国与"一带一路"沿线国家的油气资源合作兼具政治、经济、文化、安全和市场等多种意义。一方面,由于各国均存在政治安全层面的高端博弈和协调,因此需要考虑与各国合作的基础与条件;另一方面,来自各国合作中的风险相互交织、叠加,必然要求中国政府和油气资源企业具有高超的市场运营和风险承载能力,并做好风险预估和防控。在油气资源国际合作中,既要坚持"互利、互惠、共赢"的宗旨,又要保持"风险共担"的合作精神,还要综合考虑影响合作的各种有利和不利因素,从而多领域、多角度、全方位地对战略进行优化组合。需要打好政策、资源、技术、通道、市场、储运等多方面的"组合拳",保障中国在与"一带一路"沿线国家油气资源合作的过程中,能够全面调动并有力调控可利用的各种力量,形成整体合力,在尽可能增加油气资源国际合作收益的基础上,降低合作风险。根据第6章对28个与中国开展油气资源合作的"一带一路"沿线国家的风险评价结果,本章将从以下六大关键环节入手,就中国与"一带一路"沿线国家油气资源合作过程中如何防范和化解风险提出对策建议。

7.1 强化政府油气资源国际合作保障能力

中国正处于油气资源结构转型的关键时期,油气资源合作安全关系到中国与"一带一路"沿线国家的共同利益。因此,中国应抓住"一带一路"倡议的重大机遇,借助国家之间政府层面的顶层设计和沟通协调,统筹国内和国际市场资源,充分考虑国际规则,切实立足自身国情,构建与"一带一路"沿线国家政府间的交流平台和联动机制，致力于搭建与"一带一路"沿线国家开展油气资源合作的更高级别的沟通平台和更为便捷的交流渠道，促进与"一带一路"沿线国家油气资源合作的战略对接和战略互信，为有效防范中国与"一带一路"沿线国家的油气资源合作风险提供政策支持。

7.1.1　积极参与全球油气资源治理

中国政府在国际油气资源市场中扮演着十分重要的角色，中国对国际油气资源市场的依赖要求中国政府在强化自身油气资源安全的同时，要将维护国际油气资源市场安全放在更加突出的战略位置。世界油气资源消费目前已进入低速增长期，长期来看，绿色、低碳、清洁和高效的油气资源转型将进一步加快，各个国家应加强彼此之间的合作，构建开放条件下的油气资源安全防护机制。中国政府应更加积极主动地参与到国际能源治理中去，着眼于满足国内油气资源需求、保持国内成品油和天然气的价格平稳运行、维护中国的自由贸易体制、保障国内油气资源的投资安全等。根据第 6 章对 28 个与中国开展油气资源合作的"一带一路"沿线国家的风险评价结果，中国政府通过参与全球油气资源治理强化政府对油气资源国际合作的保障能力，应主要做好以下工作：

中国政府应与国际能源组织和油气通道沿线国家加强官方联系，建立更加深入的战略合作伙伴关系；与二十国集团、国际能源署等国际组织和机构加强协商，共同商定国际油气资源的发展大计和行动准则，积极推动对现行《能源宪章条约》的修订完善；与东亚、南亚、上海合作组织以及各个资源国开展全方位、宽领域的交流与合作；与沙特阿拉伯、俄罗斯、伊拉克、阿联酋等油气资源大国建立长期稳定的油气资源合作关系，扩大油气资源的定价发言权，维护油气资源市场价格的稳定；引导公众团体参与公共治理，按照"协商—市场—社会—政府"的先后顺序进行市场化和多元化治理。

总之，中国政府应适应"一带一路"倡议需要，积极采取有效措施促进国际油气资源秩序和治理体系朝着更加公正合理的方向发展，促进从油气资源供应国到通道国再到消费国整个过程的油气资源安全，为中国与"一带一路"沿线国家开展油气资源合作创造良好的国际环境。

7.1.2 加强油气资源法治建设

为让中国政府和油气资源企业在与"一带一路"沿线国家开展油气资源合作过程中有法可依，应确保构建"互利共赢"的合作机制，进一步加快推进中国油气资源国际合作法治建设，参照我国《能源法》《煤炭法》等能源领域的法律法规，尽快出台《石油天然气法》，防范中国政府和油气资源企业参与油气资源国际合作的系统风险。根据第6章对28个与中国开展油气资源合作的"一带一路"沿线国家的风险评价结果，中国政府通过加强油气资源法治建设强化政府对油气资源国际合作的保障能力，应主要做好以下5个方面的工作：

第一，从政府方面加强油气资源法治建设。尽快与"一带一路"沿线国家签订油气资源合作投资保护协定，避免双重征税协定。也可通过制定和完善相关法律法规和管理制度，建立科学合理的政府市场管控机制，进一步完善和改进油气资源投融资政策。在坚持可持续发展原则的前提下，鼓励金融机构在风险可控范围内，适度加大对"一带一路"沿线国家油气资源建设项目的投融资力度，鼓励油气资源企业多主体、多方式、多领域开展与"一带一路"沿线国家的油气资源合作。

第二，从油气资源市场方面加强油气资源法治建设。建立市场准入"负面清单"制度，逐步完善市场交易机制，不断优化市场交易环境，着力引导多元市场主体在法律和制度许可的基础上，积极参与到"一带一路"沿线国家的油气资源合作项目中去，防止由于市场准入方面的法律法规不健全而造成的油气资源国际合作风险。

第三，从油气资源结构方面加强油气资源法治建设。建立与"一带一路"沿线国家油气资源合作的多元化的运行模式和运行机制，根据中国实际的油气资源储备情况及油气资源产业技术发展水平，构建符合国际规则、具有前瞻性、科学合理的油气资源结构调整规则和调整机制，调整油气资源结构方向，科学确定油气资源结构调整过程、时段和油气资源产量等，以便更好地防范由于油气资源结构方面的法律法规不健全而带来的油气资源国际合作风险。

第四,从油气资源技术方面加强油气资源法治建设。建立技术创新保护规则和机制,优先支持油气资源产业先进技术的研究、开发、推广和利用。制定有关政策法规,加大对"一带一路"沿线国家油气资源的勘探、开发、炼制、储运、销售等全产业链的资金支持力度,防范由于油气资源技术方面的法律法规不健全而造成的油气资源国际合作风险。

第五,在油气资源供给和使用安全方面加强油气资源法治建设。构建油气资源安全风险等级评价体系及相应的防范机制,实行战略油气资源储备制度,提高油气资源利用率和保障水平,加快推进油气资源产业转型升级。探索组建油气资源合作战略联盟,建立、健全油气资源供给和使用层面的国际合作风险投诉机制,防范由于油气资源供给和使用安全方面的法律法规不健全造成的油气资源国际合作风险损害。

7.1.3 推动人民币国际化和"天然气人民币"战略

油气资源国际合作作为金融资本重要的投融资领域之一,其资金流动量巨大,原因在于油气资源基础设施建设、油气资源勘探开发及油气资源贸易合作等都需要大量的资金投入,上述一系列背景为推进人民币国际化提供了重要的平台。"石油美元"制度的实施使得"石油时代"的美国在获得巨大经济利益的同时,出现了外资大量流入、外贸逆差严重与消费膨胀并存的情况。当前,全球石油能源向天然气能源的转型已是大势所趋,世界政治经济体制正在剧烈变革,随着"一带一路"倡议的进一步实施,人民币国际化进程也在不断加快。根据第 6 章对 28 个与中国开展油气资源合作的"一带一路"沿线国家的风险评价结果,中国政府通过推动人民币国际化和"天然气人民币"战略强化政府对油气资源国际合作的保障能力,应主要做好以下两方面的工作:

一方面,中国作为未来全球最主要的油气消费与贸易大国,应掌握先机,在国内建成国际石油、天然气交易及定价中心,以油气贸易作为人民币国际化平台。

另一方面，从伊朗、俄罗斯、沙特阿拉伯等油气资源大国着手，率先实施油气资源贸易人民币结算，探索建立区域性油气资源贸易市场人民币结算机制，逐步提高人民币在国际油气资源市场结算领域的地位，推动全球油气资源交易市场结算方式多元化和资金流的重塑，促进油气资源国际合作与人民币国际化相得益彰，增强中国在世界油气资源市场的影响力和话语权，进一步维护中国的能源安全和金融安全。

7.2 加强油气资源国际合作外交及对外影响力

伴随着全球油气资源格局的新变化及各国对油气资源消费政策的调整，全球油气资源市场正朝着"竞争与合作"的方向发展。国际油气资源贸易风险防控系统的有效运行涉及诸多因素，不仅需要有"硬实力"作为基础，还需要有"软实力"作为支撑。中国在推动与"一带一路"沿线国家油气资源合作的进程中，应沿袭"开放包容、互利共赢"的丝路精神，紧扣"一带一路"倡议的"五通"内容，构建以中国为主导的区域协同创新共同体和区域油气资源合作共同体。依靠中国与"一带一路"沿线国家的地缘优势，形成以中国为核心的多边合作格局，为油气资源互联互通合作提供良好的国际环境。根据第6章对28个与中国开展油气资源合作的"一带一路"沿线国家的风险评价结果，中国政府和油气资源企业通过加强油气资源国际合作外交及对外影响力防范油气资源国际合作风险，应主要做好以下四个方面工作：

7.2.1 抓住与俄罗斯油气资源合作新契机

俄罗斯作为"一带一路"沿线的传统油气资源大国，油气资源十分丰富，是重要的油气资源出口国。中国作为最大的发展中国家，快速推进的工业化需要稳定可靠的油气资源供给，中俄两国毗邻的地缘优势和稳定的双边关系，使得双方的互惠合作在彼此的发展战略中都占据着重要位置。当前，俄罗斯面临复杂的油气资源地缘政治环境，随着乌克兰危机持续发酵，欧美对俄在油气资源行业进行严厉制裁，加之受国际油价大幅下跌的影响，导致俄罗斯在欧洲等地区油气资源市场的出口份额不断萎缩，油气资源大国地位和油气资源经济受到重创。油气资源供求外部市场环境的变化，促使俄罗斯要为油气资源出口寻找新的通道。中国应紧紧抓住俄罗斯寻求油气资源出口新通道这一战略机遇期，以"一带一路"倡议为契机，加大与俄罗斯的油气资源合作力度，促进中俄两国优势互补、共同发展、实现双赢，更好地推动中国油气资源进口途径的多元化。

7.2.2　构建中亚油气资源合作新高地

从油气资源储量看，中亚地区仅次于中东和俄罗斯，位居全球第三位；从地缘位置看，中亚地区紧邻中国，这就决定了中亚国家是中国油气资源国际合作的天然伙伴。在中国与中亚国家的经济贸易中，油气资源合作是重点领域之一，无论在地缘、人文、政治环境，还是经济互补方面，都具备很大的合作潜力和广阔的合作前景。油气资源领域的合作既符合当前中亚国家建设油气资源中心的要求，助推中亚地区崛起为与"第二个中东"相似的全球油气资源开发中心，又能改善中国油气资源供应链，保障中国国内油气资源供给安全，这是双方合作的基础和共同意愿，具有重要的现实意义和可操作性。"一带一路"倡议为中国与中亚国家开展油气资源合作创造了新的历史机遇，中国一方面应考虑国内油气资源进口需求，从中亚国家进口油气资源，减轻海上油气资源进口压力，保障中国经济可持续发展；另一方面应利用中国在工业、农业、制造业和文化产业等领域的优势，通过输入设备和技术等，加强与中亚国家在科技、文化及经贸领域的合作，推动该地区经济社会发展，在互惠互利的基础上进一步加强双方油气资源合作。

7.2.3　寻求中东油气资源合作新突破

中东地区是亚洲、非洲、欧洲的连接点和交通要冲，是"一带一路"倡议框架的关键支点和重点区域之一。中东地区丰富的油气资源储量和出口量对中国油气资源国际合作的影响力举足轻重。该地区一些国家政治局势动荡，给世界经济和油气资源发展带来诸多不确定性，也对中国油气资源企业在该地区的投资和经济利益带来了冲击。中国作为全球第一大油气资源消费国、第二大石油进口国，与中东地区加强油气资源合作是保障油气资源安全的关键之举。当前，美国对中东地区的油气资源依赖性下降，中国应利用好"一带一路"倡议带来的机遇，有针对性地采取"一国一策"的差异化战略，开展与中东国家的油气资源合作。对于中东地区的阿联酋、沙特阿拉伯、科威特等国内局势相对稳定的国家，要继续保持或适度加大与其开展油气资源合作的力度；对于中东地区的叙利亚、伊拉克、伊朗等国内局势比较动荡、合作机会与合作危机并存的国家，则需要采取审慎的态度，针对形势发展变化做出科学的风险预判，寻找机会与其开展油气资源合作，推动与中东国家的油气资源合作取得新突破。

7.2.4　建立非洲油气资源合作新支点

非洲地区近年来油气资源勘探获得了重大发现，油气资源开发的潜力巨大。该地区进入世界油气资源富集区的版图，成为潜在的世界级油气资源出口基地，掀起了非洲地区新一轮油气资源开发的热潮。但非洲地区经济相对落后，很多国家长期处于动荡之中，普遍面临资金不足、技术落后、基础设施滞后等问题。非洲国家想要利用发展油气资源产业助推本国经济社会发展，需要大力引进外国资本和技术。近年来，非洲已然成为中国重要的油气资源进口来源地和投资目的地之一，对中国油气资源国际合作而言，合作开发非洲油气资源是扩大中非经贸合作领域、打造中非经贸合作新高地的重要渠道。在与非洲国家的油气资源合作过程中，中国应将合作开发非洲油气资源产业的风险置于国家油气资源安全战略的全局中进行全方位考量，既要充分考虑风险，也要大胆探索实践，推动中国油气资源企业积极走向非洲市场。在资金、人才、技术等方面加大投入力度，利用多种合作形式积极参与非洲国家油气资源领域基础设施建设和油气资源勘探开发，同时在人力资源、核心技术和人员培训等方面加强与非洲国家的沟通与协作。对非洲地区油气资源分布情况进行深入调研分析，系统掌握非洲地区油气资源布局。中国在与非洲国家进行油气资源合作的过程中，既应作为促进非洲地区油气资源产业发展的紧密合作者，也应作为推动非洲地区经济社会全面发展的积极参与者，营造出双方良性互动、互惠共赢的合作局面，建立中国未来油气资源供给的新支点。

7.3　提升油气资源企业核心竞争力

油气资源企业是参与油气资源国际合作的主体。当前在油气资源领域，西方相关企业在资金、技术、经验和产业布局等方面实力都强于中国。"一带一路"倡议下，推进中国与"一带一路"沿线国家深入开展油气资源合作成为国家和油气资源企业的重要战略选择。这一战略把国家行为和企业行为紧密地结合在一起，要求中国油气资源企业既要重视不断提升企业的技术创新能力，培养懂技术、会管理、具有国际视野、懂国际规则的技术和管理人才，也应重视建立适用于境外经营的管理体制和机制，促进中国油气资源企业加快国际化发展步伐，使中国油气资源企业从"走出去"的低水平国际化向"走进去""走上去"的高水平国际化发展，打造现代化跨国油气资源公司，全面提升中国油气资源企业国际竞争力。根据第 6 章对 28 个与中国开展油气资源合作的"一带一路"沿线国家的风险评价结果，中国政府和油气资源企业通过提升油气资源企业核心竞争力来防范油气资源国际合作风险，应主要做好以下五个方面工作：

7.3.1　全方位实施"大企业"战略

油气资源行业受规模制约较大，中国的相关企业承担着保障国家油气资源安全的重要责任，但目前还没有在世界范围内形成垄断优势或绝对竞争优势。为了能够与国际油气资源巨头相抗衡，应鼓励相关企业并购重组，集中人才、技术、资本和经验优势，通过多种形式整合资源，打造大型跨国集团，从而增强企业的核心竞争力、抗风险能力、全球资源掌控能力和全产业链竞争力，增加油气资源战略资源定价议价话语权。在油气资源竞争全球化格局的形成过程中，跨国发展已成为一个新趋势，中国要在坚持多赢、长远利益优先、借助地缘政治影响的原则下，积极推动中国石油天然气集团有限公司、中国石油化工集团有限公司、中国海洋石油集团有限公司等国有石油公司向跨国公司转化，采用最佳运作模式占有国际油气资源市场，保障中国油气资源供给安全。

7.3.2 全力争当境外油气"作业者"

相对于工业界其他行业而言，油气资源行业投资大、风险高、建设周期长、技术门槛高。为规避风险，大多油气资源企业采用联合经营的形式，这就存在谁在这个联合作业体中扮演"作业者"角色的问题。"作业者"的地位实际上是一项有价值的资产，国际各大石油公司都将争当"作业者"作为最高追求目标之一。中国在油气资源国际合作过程中，也应坚定不移地将争当"作业者"作为打造世界水平跨国油气资源企业的助推器，促使中国油气资源企业能够通过合并财务报表增加收入和利润，能够通过控制资源提升公司股价和市场价值，能够通过构建差异化投资回收方式谋求更高的投资回报，能够通过参与关键业务流程加速核心业务培育能力，能够通过滚动式发展增强公司品牌和文化的影响力，能够通过石油公司的"甲方"发展带动"乙方"工程技术等的发展，从而实现中国油气资源企业整体利益最大化。当然，任何事情都具有两面性，"作业者"在获得巨大利益的同时，也面临来自多方面的风险和挑战。因此，中国油气资源企业在全力争当境外油气"作业者"的过程中，也应有充分的预判和估计，积极应对可能出现的各种风险和挑战，尤其是来自投资回报方面、利益平衡诉求方面和巨大经济责任方面的一系列风险和挑战。以中国石油天然气集团有限公司、中国石油化工集团有限公司、中国海洋石油集团有限公司为代表的中国油气资源企业在与沙特阿拉伯国家石油公司、俄罗斯石油公司等国际大型油气资源企业合作时，应该努力争取"作业者"的主导地位，同时要注意风险的防控。

7.3.3 多维度建立合作联盟

在中国与"一带一路"沿线国家开展油气资源合作的过程中，一方面，各个油气资源企业通过横向一体化模式建立合作联盟，深度整合各方面优势资源，提升规模效益和企业竞争力，降低企业合作风险，最大限度提高企业营利能力，实现各方共赢。另一方面，各个油气资源企业通过纵向一体化模式建立合作联盟，从上游勘探、开发、生产，到中游储备、运输，再到下游炼制及工程技术服务全产业链形成互补和协同作战机制，利用定价策略强化市场垄断能力，减少交易环节，降低交易成本，提高企业利润，提升企业适应能力和市场地位。

这两种模式在具体的实施过程中，可采取"对外"与"对内"差异化的方案。在"对外"合作过程中，可考虑采用收购、兼并、联合、参股等多种方式来建立境外联盟。除此之外，在油气资源产业上游领域，还可学习对方先进技术和经验，借助国际大公司的实力，降低投资风险。还可通过与油气资源市场现有参与者合作，达成长期交易意向来节省资金。此外，也应重视与东道国小型油气资源企业的合作，充分利用当地政府的优惠政策获得更多的发展机会。在"对内"合作的过程中，应力求使国内各油气资源企业经营业务涵盖油气资源产业链的各个环节，通过采取适当的合作策略缩小竞争合作主体间的差距，减少各种重复建设和流通成本，促进新技术成果的产出，以良好的竞争优势和高质量的产品占领国际市场，提高中国油气资源产业相关产品的知名度。

7.3.4 全面提升境外油气资源产业投资效益

中国油气资源企业在"走出去"的过程中，制定科学规范的投资经营策略，对于保障对外投资的效益和质量至关重要。首先，油气资源企业走向国际化是一个不断探索和成长的过程，应坚持与时俱进，适应形势变化需要，积极转变和创新境外油气资源产业投资理念，合理配置境外油气资源产业投资规模，并选择恰当的投资方式，防止油气资源企业在"走出去"的过程中盲目扩张。其次，油气资源企业应采取有效措施，积极应对来自污染防控、油价波动、汇率变化、政策环境变动等多方面的风险挑战，尽可能地降低这些风险对境外油气资源产业投资效益的负面影响。最后，基于境外油气资源产业投资业务和油气资源企业可持续发展的内外部环境，油气资源企业应积极寻求建立一套既能适合境外业务发展、又能有效提升投资效益的专业化运营管理模式，结合项目所在国相关法律法规、利率汇率变化、合同类型等，科学研判合作对象资产、人员、财务、税务等有关事项，提升无形资产规划、转让定价、跨国纳税等管理水平，从而全面提升境外油气资源产业投资效益。

7.3.5 加强引入民间资本的能力

油气资源领域中的民间投资已然成为促进油气资源产业发展的重要力量之一。鼓励并引导民间资本扩大在常规油气开采、非常规油气开采、油气管网、原油进口和原油仓储基地建设等油气资源领域的投资，激发活力和竞争力。完善油气资源市场体系，推动油气资源产业做大做强，提高油气资源产业生产效率，提升油气资源产业服务保障水平，切实改善中国油气生产消费大国身份与发展方式粗放之间的矛盾。逐步放宽市场准入门槛，加大民间资本开放力度，建立多层次资本市场，拓宽民间资本投资范围，通过完善资源配置、加大资金支持、完善服务政策、加强规范管理等方式消除民间资本参与油气资源产业开发建设的政策障碍，为营造公平、公正、规范的市场投资环境提供良好的保障。进一步支持、促进民营油气资源企业开展科技创新和产业升级，为民营油气资源企业参与国际油气资源合作提供更多的机会和平台。深化中国石油天然气集团有限公司、中国石油化工集团有限公司、中国海洋石油集团有限公司三大国有石油公司的产权制度改革，进一步破除国企与民企联合开展油气资源国际合作的体制机制藩篱，推动双方共同进行国际油气区块的勘探开发，通过双方的密切合作，充分发挥各自优势，促进共同发展进步。

7.4 增强油气资源国际合作科技创新能力

科技人才的合作交流是促进国与国之间友好合作、民心相通的有效途径。在"一带一路"倡议实施的进程中，"科技合作"始终作为连接油气资源国际合作互联互通的桥梁，不断促进人才的交流合作，成为深化中国与"一带一路"沿线国家全面开放合作的纽带。深化油气资源产业国际科技合作，不仅有助于中国油气资源产业科技人才扩大国际视野、拓宽研究领域、提升科研水平，而且有助于全面提升中国油气资源产业科技创新能力，为进一步推进中国与"一带一路"沿线国家油气资源合作提供良好的科技支撑。因此，进一步提升中国油气资源产业科技创新能力，科学谋划、统筹协调、大力推进中国与"一带一路"沿线国家在油气资源领域的科技合作显得尤为重要。根据第6章对28个与中国开展油气资源合作的"一带一路"沿线国家的风险评价结果，中国政府和油气资源企业通过增强油气资源国际合作科技创新能力防范油气资源国际合作风险，应主要做好以下两方面工作：

7.4.1 夯实中国与"一带一路"沿线国家油气资源产业科技合作的基础

促进中国与"一带一路"沿线国家油气资源产业科技合作，需要提升中国油气资源企业的科技创新能力，为油气资源企业"技术走出去"奠定基础。中国油气资源企业应利用资金等方面的优势，采取切实有效的措施，推进油气资源产业科技创新能力建设，促进中国从油气资源产业生产消费大国向油气资源产业科技强国转变。

一是加强油气资源产业科技创新体系顶层设计。建立健全油气资源产业科技创新激励机制，探索构建国内外油气资源市场"双轮驱动"的油气资源企业科技创新体系，全面激发油气资源企业科技创新活力，着力培育更多、更强、更好的优势技术，将技术优势转化为经济发展优势。

二是加快实施油气资源产业创新驱动发展战略。重点攻克油气资源领域重大核心技术，着力突破油气资源装备制造关键技术、材料以及零部件等瓶颈，不断提高油气资源产业全产业链的关键技术水平，尤其是提升油气资源产业重点领域的自主创新能力。对于国家重大研究专项中涉及的油气资源产业技术，应整合已有的研究力量，建设油气资源产业创新实验室和协同创新中心，推进重点技术研发。

三是重视发挥油气资源企业的科技创新主体地位。坚持以市场为导向，进一步优化油气资源企业科技创新资源，挖掘油气资源企业科技创新潜能，促进油气资源企业内部科研力量整合，创建技术创新联盟，推动技术集成创新，提高油气资源企业科技成果转化率和产业化水平，促进油气资源企业由传统的生产型企业向具有国际竞争力的科技创新型企业转型发展。

四是加强油气资源产业科技人才队伍建设。在现有各类"人才计划"实施的基础上，进一步强化人才队伍建设，培育高水平油气资源科技人才和创新团队。首先，加强油气资源科技人才整体培养和引进。在分析油气资源企业现有人才队伍结构的基础上，从职称结构、学缘结构、年龄结构等方面统筹规划人才队伍引进与培养工作。大力引进、培养以中青年为主的科技骨干，优化队伍结构；制定激励政策与措施，促进各类高层次科技人才脱颖而出，实现人才队伍持续、健康发展。其次，注重高水平油气资源科技创新团队建设。科技创新团队靠培育方能形成，通过精心组织、科学培育，使每个成员可以为了共同的目标走到一起。实行团队带头人负责制，做到责权统一，根据团队建设需要，由团队带头人自由选拔团队成员，配好配强人才梯队。建立以科技创新绩效为主导的团队资源配置模式和评价体系，激发团队成员的积极性和创新性。[197]

五是构筑油气资源产业科技创新平台。构建多领域、多层次、全方位的高层次科技创新平台是实施科技创新的重要载体。一方面，加强企业研发基地建设。以国家级和省部级油气资源产业创新实验室、工程技术中心、协同创新中心，以及油气资源产业博士后科研流动站（工作站）、博士后创新基地等的培育与建设为重点，努力建设高水平、多功能、广覆盖的油气资源产业科技创新平台。另一方面，推动油气资源产业科技创新平台共享。不断扩大油气资源产业科技平台建设的市场面向度，积极推进油气资源产业科技资源共建、共享、共用，推动油气资源产业工程技术中心、技术创新中心等优质资源面向社会开放共享。[197]

7.4.2 拓宽中国与"一带一路"沿线国家油气资源产业科技合作领域

油气资源产业国际科技合作，基本要求就是以协同合作创新、促进信息共享为主要内容，明确相关国家在油气资源科技合作中的目标任务，构建常态化科技合作体制机制和政策保障体系，推动科技合作取得实效。应从以下5 个方面推进中国与"一带一路"沿线国家油气资源产业科技合作。

一是充分利用油气资源产业合作创新平台，与"一带一路"沿线国家共同组建研究团队，针对油气资源产业领域的技术难点和迫切需求，进行关键技术的联合攻关和科技成果的研发推广。

二是加强与"一带一路"沿线国家油气资源产业科技人才的交流合作。一方面，加强油气资源产业科技人才的合作培养，尤其是加大青年油气资源产业科技人才的合作培养力度；另一方面，强化油气资源产业科技人才的交流互访，消除双边油气资源产业科技人才交流互访的体制机制障碍，打造双方科研机构、科研人员和管理专家交流互访绿色通道。

三是发挥现有国际协同创新平台在国际科技界的优势，加强与"一带一路"沿线国家开展双边、多边科技战略合作，拓展强强联合网络，保证科技合作不断深化。

四是围绕油气资源产业勘探开发、炼制储运、环境保护、产业升级等核心问题，积极组织开展油气资源国际科技合作引领下的、多学科相结合的科研项目和研发计划的攻关，在为"一带一路"沿线国家提供油气资源产业科技支撑的同时，也为解决"一带一路"沿线国家经济社会发展的全局性的重大科技问题提供支持。

五是促进油气资源产业产学研用相结合。产学研用协调发展能力已经成为一个国家核心竞争力的重要体现，油气资源产业科技创新同样需要建立产学研用协调发展机制。当前，应着力构建"政府 + 油气资源企业 + 高校（或科研院所） + 油气资源国际合作中介机构"的"四位一体"油气资源产业产学研用相结合科技创新体系。

对于阿富汗、叙利亚、伊拉克等国家，由于战争破坏，其油气资源基础设施薄弱，油气资源开发技术水平较低，中国油气资源企业应该利用自身强大的基建能力帮助这些国家恢复基础设施，运用油气开采领域的先进技术帮助他们尽快恢复油气资源的生产。对于吉尔吉斯斯坦、塔吉克斯坦、孟加拉国等油气资源探明储量较小的国家，中国油气资源企业应利用自己在油气勘探方面的优势帮助这些国家发现更多的油气资源。

7.5 构建高效多样化的油气资源国际合作安保体系

"一带一路"沿线国家和地区地缘政治多具有复杂敏感的特征，因此，中国在与"一带一路"沿线国家进行油气资源合作的过程中，应在联合国框架内，创造性地利用现有国际政治、经济规则，构建多样的国际安保体系，加强油气资源开发安保国际合作，保护各国利益，谋求共同发展。根据第6章对 28 个与中国开展油气资源合作的"一带一路"沿线国家的风险评价结果，中国政府和油气资源企业通过构建高效多样化的油气资源国际合作安保体系防范油气资源国际合作风险，应主要做好以下三个方面工作：

7.5.1 健全完善安保体制机制

依法维护油气资源企业利益、依法开展贸易合作是推动油气资源国际合作的基本原则。在推进"一带一路"倡议的过程中，为争取更多对中国有利的国际权利平衡和财富分配制度，减少或避免中国油气企业的境外投资风险，维护好中国与"一带一路"沿线国家油气资源合作的安全性和可持续性，中国政府和油气资源企业应进一步健全完善安保体制机制。

一是深度参与国际油气资源领域全球治理，积极参与国际油气资源多边贸易谈判；在全球制定和改革投资规则、多边贸易规则、货币体系等经济规则时主动表明本国利益需求，全面参与、制定与油气资源相关的国际投资协定和规则，如双边或多边投资协议、税收条约、金融贸易协议、区域合作协议等。

二是深入分析并灵活利用现行相关国际制度、法律、法规和规则等维护中国油气资源国际合作利益；对接国际惯例，制定相应的油气资源开发安保法律法规，做到油气资源国际合作安保行动有法可循、有据可依，切实保障油气资源国际合作安全。

7.5.2　扶持境外商业安保企业发展

随着"一带一路"倡议的实施，中国越来越多的油气资源企业走出了国门，在油气资源国际合作对象中不可避免地存在高风险和不确定性强的国家和地区，加上国际反恐形势严峻，加强境外安保工作就成为中国油气资源企业在"走出去"过程中必须认真对待的一项重要任务。中国真正形成业务规模的境外安保公司数量有限，且市场能力不足、企业规模较小、业务能力和配套设施缺乏、当地化和国际化不足，与中国境外油气资源企业的实际需求之间存在很大的差距，难以保障国际安保职能的有效发挥，缺乏与同行的竞争力，需要中国政府与社会从多维度对其进行关注与支持。

一是不包办、不限制境外安保力量发展，充分尊重市场规律，发挥市场调控作用。在油气资源合作地区，可通过招募当地人员的方式组建境外安保公司，充分发挥当地人员熟悉国情地情、人脉广泛、信息畅通、不用签证、不存在语言障碍和习俗不同问题、能够很好地融入当地社会等方面的优势，有效减少安保工作过程中的麻烦和误解，促使境外安保工作更具针对性和实效性。

二是做好"顶层设计"，成立安保行业监管机构。建立境外利益保护专门机构，出台相应的政策和法律法规，激励境外商业安保企业积极参与国际竞争。制定境外安全保障等相关法规，强化境外安全信息服务、风险评价及情报分析。

三是从人才、资金及知识方面扶持境外安保工作。帮助境外安保行业制定行业规范和标准，引导境外安保企业找准自身定位，发挥自身优势，采取恰当的经营模式，形成完整的产业体系和专业分工。加强政府、高校、研究机构与境外安保企业间的沟通与合作，组织境外风险讲座和培训。

7.5.3　发挥国内安保公司优势

一是采取多种方式组建一些具有一定规模且质量标准较高的国有专业安

保企业，来承担油气资源企业在境外的安保任务。主要由国防部、外交部、公安部等相关部门进行涉外安保服务特种作业许可审批，帮助安保企业进行人力资源配置。特种作业许可审批，主要是针对油气资源国际合作需要，进行建立境外分公司的前期选点考察和后期派驻工作，完成在目标国的注册准入以获取当地经营权。人力资源配置主要来自四种渠道：筛选国内优秀的退役军人、雇佣当地安保人员、依靠合法武装力量、招聘其他国家高水准安保企业人员。保卫方式以驻点警戒、伴航或登船警戒为主。

二是雇佣国内的民间安保企业。油气资源国际合作的安全保障涉及法律法规、民事、枪械使用等方面的问题，需要充分挖掘和利用好民间安保企业适应性强和灵活性强的优势，来解决油气资源国际合作过程中不宜以国家形式处理的问题。随着经济社会发展，民间安保企业的组成人员由过去的非专业人员变为受过专业训练的人员，其业务范围也逐步拓展到了临时安保、技防安保、犬防安保、驻勤安保等领域，有能力承担油气资源企业在境外的安保任务。

对于"一带一路"沿线社会安全风险较高的国家，尤其是阿富汗、叙利亚、孟加拉国、蒙古国、巴基斯坦、埃及等国，中国油气资源企业应该建立一支素质过硬、熟悉东道国国情的安保队伍，在员工保护、物流运输安保等方面有效保障中国油气资源企业人员和财产的安全。

7.6 加强油气资源国际合作风险评价体系建设

随着中国与"一带一路"沿线国家油气资源合作的深入推进，中国政府和油气资源企业在获得合作成果的同时，也必然面临着政治、经济、文化、技术等风险的不确定性和多变性的挑战。为保障中国油气资源供给来源安全和经济社会持续稳定发展，应该结合油气资源国际合作目标国家的国际关系以及国内政治、经济、社会、资源等实际情况，在政府主导下建立一套油气资源国际合作风险评价指标体系，以准确评价与目标国家的合作风险，提高油气资源合作安全管理水平，有效防范和降低风险事故的发生，提升合作效率。根据第 6 章对 28 个与中国开展油气资源合作的"一带一路"沿线国家的风险的评价结果，中国政府和油气资源企业通过加强油气资源国际合作风险评价体系建设防范油气资源国际合作风险，应主要做好以下三个方面工作：

7.6.1　加强合作风险评价体系建设和管理

安全风险管理是保障油气资源国际合作有效开展的根本，应制定切实有效的风险管控制度和技术标准文件，为风险评价体系建设和管理提供技术支撑。在编制风险管控制度和技术标准的过程中，应认真梳理出所有含有风险的相关业务流程，构建完善的内部控制体系，提升油气资源国际合作风险管理能力。

一是建立国家风险评价体系。国家风险评价体系涉及很多机构，亟须政府设定一个牵头部门，统筹协调各相关机构的风险管理业务，建立危机预警、风险评价等机制，提供人员培训、技术支持等服务，从而构建起科学有效的国家风险评价体系。

二是建立公共信息数据库及服务平台。按照国家外交和外贸安全战略要求，构建油气资源国际合作公共信息数据库及服务平台。根据风险防控目标收集、编制和发布评价对象的战略、财务、市场、法律、运营等油气资源国际合作过程中的相关风险信息，编制风险评价报告，及时汇总发布风险评价情况，为油气资源国际合作科学决策提供依据。

7.6.2　强化合作风险识别和评价流程

油气资源国际合作中的任何一个安全风险环节辨识不清、出现失误都有可能对国家政治、经济等方面造成重大影响。中国政府和油气资源企业应树立高度的风险防范意识和全面的风险管理理念，科学设计、开发油气资源国际合作风险评价模型等量化工具，确保能够及时全面地识别、分析、评价和控制风险。

一是运用系统规范的风险评价标准和技术方法判断风险大小，量化风险等级，采取梳理归类、分级管理、分层落实的措施分散或降低风险。细分各级各类评价对象的防控重点并建立安全风险数据库，对油气资源合作过程中政治风险、经济风险、商业风险等的根源、性质、影响等信息及时进行更新完善，强化动态管理。

二是利用好各专业风险评价机构的力量，形成政府统筹领导、政策规划引导和各方积极参与的格局。充分发挥政府及专业评级机构的作用，对油气资源国际合作项目进行全面评价论证，确定风险承受度，并制定相应的风险规避、降低和分担等风险防控应对策略。

7.6.3　改进合作风险评价体系

中国政府和油气资源企业应高度重视国家安全风险全口径管理，分解和落实油气资源国际合作风险防控目标和任务，制订科学翔实的工作规划、实施方案和政策措施，为油气资源企业寻求国际合作伙伴搭建安全防控信息交流平台和资金运作平台。

一是利用驻外机构、智库、商会、涉外金融机构，以及境外华侨、华人等各类资源，加强对目标国家各类安全风险信息的收集、整理和评价，为油气资源企业提供准确、专业、及时、权威的风险预警和决策咨询。

二是不断改进和完善风险评价体系。建立定期检查、分析、研判、修订风险评价体系的工作机制，根据油气资源国际合作项目进展情况及合作风险变化情况，及时调整各级各类安全风险的管理职责、实施主体及防控内容，强化监督指导和统筹协调。

仍然处于战争状态中的叙利亚、恐怖袭击时有发生的巴基斯坦、与中国在南海上的争端仍未有效解决的菲律宾、地缘政治竞争较为激烈的中亚国家、受到国际制裁日渐加剧的伊朗和俄罗斯，以上国家的油气资源合作风险处于动态变化之中。这种状态使得对中国与"一带一路"沿线国家的油气资源合作风险的评价结论也处于一种动态之中，通过建立完善的油气资源国际合作风险评价体系，能给中国政府和油气资源企业提供更加准确的决策信息。

7.7　本章小结

本章针对第 5、6 章中中国与"一带一路"沿线国家油气资源合作风险量化结果和对各个风险级别的国家的实证分析,从定性的角度出发,从多个领域提出防控油气资源合作风险、保障油气资源合作成果、增强中国政府和油气资源企业在国际能源舞台上的竞争力的对策建议。主要研究内容如下:

(1) 在强化政府油气资源国际合作保障能力方面,应积极参与全球油气资源治理,加强油气资源法治建设,进一步推动人民币国际化和"油气资源人民币"战略。

(2) 在加强油气资源国际合作外交及对外影响力方面,需要紧抓与俄罗斯油气资源合作的新机遇,建立与中亚国家之间油气资源合作的新领域,积极寻求与中东、北非国家油气资源合作的新突破,建立与非洲国家油气资源合作的新支点。

(3) 在提升油气资源企业核心竞争力方面,应推动企业全方位实施"大企业"战略,鼓励企业全力争当境外油气资源"作业者",激励企业从多维度建立合作联盟,全面提升境外油气投资效益,同时应加大力度引入民间资本。

(4) 在增强油气资源国际合作科技创新能力方面,应夯实中国与"一带一路"沿线国家油气资源产业科技合作的基础,拓宽中国与"一带一路"沿线国家油气资源产业科技合作的领域。

(5) 在构建油气资源国际合作安保体系建设方面,需要完善和规范安保体制机制,扶持境外商业安保企业发展,发挥国内保安公司优势。

(6) 在加强油气资源国际合作风险评价体系建设方面,应加强合作风险评价体系建设和管理,强化合作风险识别和评价流程,改进合作风险评价体系。

第 8 章　结论与展望

本书基于中国油气资源安全战略，结合"一带一路"倡议，甄别出与中国有油气资源合作业务的 28 个"一带一路"沿线国家，建立油气资源合作风险评价指标体系，采用改进熵的 TOPSIS、层次式聚类分析和相应分析等量化模型，综合评价了中国与这 28 个国家开展油气资源合作的风险水平，按照合作风险的强弱程度对这 28 个国家进行排名，再结合各个国家不同的合作风险特点做出了实证分析。最后，提出了防控中国与"一带一路"沿线国家油气资源合作风险的对策建议。

8.1　结论

本书在论述及实证的基础上得出以下结果和结论：

（1）从 64 个"一带一路"沿线国家中筛选出了与中国有油气资源合作业务的 28 个国家，在列举了"一带一路"倡议对中国开展油气资源国际合作重要意义的基础上，总结了中国与"一带一路"沿线国家油气资源合作的主要领域和模式，并且按照地理区位，逐一分析了 28 个"一带一路"沿线国家与中国开展油气资源合作的进程和现状。

（2）结合文献研究，将中国与"一带一路"沿线国家油气资源合作的主要风险归纳为政治风险、经济风险、社会安全风险和资源环境与技术风险 4 个类别。将导致合作风险产生的原因归纳为 6 个方面："一带一路"沿线国家政权的不平稳更迭；"一带一路"沿线国家武装冲突、战争造成的创伤；"一带一路"沿线国家民族、宗教极端势力的威胁；"一带一路"沿线国家油田化学品开发和应用技术的相对落后；中国油气资源企业国际化运营能力的不足；国际社会上环境保护的压力。

（3）构建了中国与"一带一路"沿线国家油气资源合作风险评价指标体系，将政治风险、经济风险、社会安全风险和资源环境与技术风险确定为一级评价指标，并分解出政治互信、清廉程度、双边文件、战争风险、政治稳定、金融实力、经济增长、经济波动、债务风险、通货膨胀、营商环境、贸易开放、人文发展、恐怖主义、社会治安、基础设施、油气储量和油气产量18 个二级评价指标。

（4）运用多属性决策理论，将熵权法和 TOPSIS 相结合，构建了改进熵的 TOPSIS 合作风险综合评价模型，将与中国开展油气资源合作的 28 个"一带一路"沿线国家按照合作风险的高低程度进行了排序，其中阿富汗合作风险最高、新加坡合作风险最低。运用多元统计分析理论，构建了层次式聚类分析方法的合作风险分类模型，根据合作风险的基本属性，把油气资源合作风险按照从极高风险到稍有风险分成 9 个等级；构建了相应分析方法的合作风险分类评价模型，针对在同一风险类别中的国家，进一步分析了不同的油气资源合作风险评价指标对其影响的程度。

（5）按照（4）划分出的油气资源合作风险的 9 个类别，逐一分析了 28 个与中国开展油气资源合作的"一带一路"沿线国家的风险的具体特点，并且有针对性地从政府保障、外交合作、企业经营、科技创新、安保体系和评价体系等方面提出了防控风险的对策。

8.2　创新点

本书的主要创新点包括以下几方面：

（1）系统识别了中国与"一带一路"沿线国家油气资源合作风险因素，从政治风险、经济风险、社会安全风险和资源环境与技术风险等 4 个方面构建了中国与"一带一路"沿线国家油气资源合作风险评价指标体系。将政治风险分解为政治互信、清廉程度、双边文件、战争风险和政治稳定 5 个二级指标，将经济风险分解为金融实力、经济增长、经济波动、债务风险、通货膨胀、营商环境和贸易开放 7 个二级指标，将社会安全风险分解为人文发展、恐怖主义和社会治安 3 个二级指标，将资源环境与技术风险分解为基础设施、油气储量和油气产量 3 个二级指标。本书构建的油气资源合作风险评价指标体系，完善了现有油气资源国际合作风险理论体系，可以更好地指导中国与"一带一路"沿线国家油气资源合作风险识别。

（2）根据多属性决策理论，将信息熵原理和 TOPSIS 相结合，构建了改进熵的 TOPSIS 的合作风险综合评价模型。利用熵权法，客观地确定了 18 个油气资源合作风险评价指标的权重。运用改进熵的 TOPSIS，把不同量纲的合作风险评价指标进行了归一化处理，对与中国开展油气资源合作的 28 个"一带一路"沿线国家按照合作风险的高低程度进行了综合比较和排名，直观地反映出中国与 28 个"一带一路"沿线国家油气资源合作风险等级。该评价模型弥补了现有研究主要采用定性分析的缺点，可提高中国与"一带一路"沿线国家油气资源合作风险识别和评价的信度及效度。

（3）依据多元统计分析理论，分别构建了层次式聚类分析方法的合作风险分类模型和相应分析方法的合作风险分类评价模型。运用层次式聚类分析方法的合作风险分类模型，把中国与 28 个"一带一路"沿线国家油气资源合作风险按照评价属性划分为从极高风险到稍有风险 9 个类别，可以直观地辨识出某个国家所处的风险水平。针对在同一风险类别中的国家，运用相应分析方法的合作风险分类评价模型，进一步比较了其受到不同合作风险评价指标的影响程度，使对中国与"一带一路"沿线国家油气资源合作风险的判断更加具体、客观、科学。

8.3 展望

中国与"一带一路"沿线国家油气资源合作风险研究是一个比较新的研究领域，以上结论表明，对中国与"一带一路"沿线国家油气资源合作风险的研究无论在理论上还是在现实上，都具有重要意义。但是此项研究仍有一些难点问题需要进一步研究：

（1）对与中国有油气资源合作业务的"一带一路"沿线国家的油气资源合作效率进行对比分析，采用数据包络分析等模型量化各国的效率值，进一步全面客观地比较分析中国与"一带一路"沿线国家之间油气资源合作风险的差异性。

（2）针对中国"引进来""走出去"的贸易发展战略，进一步分析"一带一路"沿线国家的优势和劣势，有针对性地提出对策建议，更好地发挥"一带一路"沿线国家的优势，规避劣势，在"引进来"的同时，加快"走出去"步伐，充分利用好"一带一路"沿线国家的油气资源，有效保障中国能源安全。

参考文献

［1］中国石油新闻中心．"一带一路"沿线国家油气合作转型探析［EB/OL］．中国石油天然气集团有限公司官网，2018 - 09 - 11．

［2］BP 世界能源统计年鉴—2018（中文版）［EB/OL］．https：//www.bp. com/content/dam/bp - country/zh_cn/Publications/2018SRbook. pdf.

［3］李志学．油气探勘成本与绩效评价方法研究［M］．北京：中国经济出版社，2007．

［4］代晓东，王潇潇，毕晓光，等．2015 年世界能源供需解读——基于《BP 世界能源统计年鉴》［J］．天然气与石油，2017，35（01）：1 - 4，7．

［5］马春爱，郝洪．中国油气资源国际合作模式研究：一个油气资源获取的视角［J］．江苏商论，2012（10）：100 - 102．

［6］王青，王建君，汪平，等．海外油气勘探新项目拓展问题探讨［J］．中国石油勘探，2012，17（04）：47 - 52，7．

［7］Zou C N, Tao S Z, Yang Z, et al. *Development of petroleum geology in China：Discussion on continuous petroleum accumulation*［J］. Journal of Earth Science, 2013, 24（05）：796 - 803.

［8］陈光玖．国际油气合作模式对中国非常规油气合作开发的启示［J］．中外企业家，2013（72）：6 - 7．

［9］程春华．新形势下中俄油气合作特点及思路［J］．国际石油经济，2013，21（06）：52 - 57，112．

［10］赵亚博，方创琳．中国与中亚地区油气资源合作开发模式与前景分析［J］．世界地理研究，2014，23（01）：29 - 36．

［11］孙玉琴，姜慧，孙倩．中国与中东地区油气合作的现状及前景

［J］．国际经济合作，2015（09）：64-69.

［12］Maryam E，Aram B，Shayanrad S. *Using game theory approach to interpret stable policies for Iran soil and gas common resources conflicts with Iraq and Qatar* ［J］．Journal of Industrial Engineering International，2015（11）：543-554.

［13］Gulinaer Y. *Energy cooperation between China and Central Asia under the background of new silk road economic belt* ［C］//ESSAEME 2017. Research Institute of Management Science and Industrial Engineering，Computer Science and Electronic Technology International Society，2017.

［14］余晓钟，焦健，高庆欣．"一带一路"倡议下国际能源合作模式创新研究［J］．科学管理研究，2018，36（04）：112-115.

［15］夏凌娟，安海忠，高湘昀，等．国际油气资源合作中合同模式的比较研究［J］．资源与产业，2013，15（06）：157-162.

［16］宋振良．丝绸之路经济带下中国石油企业的国际合作的战略模式与实施路径［J］．金融经济，2016（12）：17-19.

［17］徐斌．浅析石油企业海外资源开发合作模式［J］．中国石油石化，2017（10）：22-23.

［18］杨晶，高世宪．依托"一带一路"深化油气国际合作［J］．中国能源，2015，37（12）：10-14.

［19］Wang Y P，Liu H. *New challenges，new opportunities and new measures for oil and gas cooperation in the Belt and Road* ［J］．Frontiers of Engineering Management，2016，3（04）：301-313.

［20］Jiang X M，Li M G，Sun R H. *Influence of the Belt and Road Initiative on oil and gas infrastructure* ［J］．China Oil & Gas，2016（02）：23-29.

［21］Wang Z，Zhao L. *Giving play to the leading role of energy cooperation in the Belt and Road Initiative* ［J］．China Oil & Gas，2017（02）：17-24.

［22］Fu M，Xu G. *New silk roads：progress，challenges and countermeasures* ［J］．China International Studies，2017（04）：86-98.

［23］He W Y，Li F. *Strategy of oil and gas cooperation in the Belt and Road*

Initiative [J]. China Oil & Gas, 2017 (02): 25 – 31.

[24] Lu R Q. *What leading participants say at the Belt and Road Roundtable for oil and gas cooperation* [J]. China Oil & Gas, 2017 (03): 6 – 10.

[25] Wang Y L. *Deepen international oil and gas cooperation to create key strategic hubs for the Belt and Road* [J]. China Oil & Gas, 2017 (02): 5 – 8.

[26] 张艳松, 倪善芹, 陈其慎, 等. 基于地缘战略中国同土库曼斯坦资源合作分析 [J]. 资源科学, 2015, 37 (05): 1086 – 1095.

[27] Vrushal T, Ghoble. *Making of syrian crisis: The energy factor international studies* [J]. 2016, 52 (01): 38 – 52.

[28] Sun Y. *China and the changing Myanmar* [J]. Journal of current Southeast Asian affairs, 2012, 31 (04): 51 – 77.

[29] Xie B. *Foreign cooperation and development trends of the Russian petroleum industry and prospects of Sino – Russian cooperation in oil and gas* [J]. Petroleum Science, 2006, 3 (03): 90 – 96.

[30] Shoichi I, Washington. *Sino – Russian energy relations: true friendship or phony partnership?* [R]. Russian Analytical Digest, 2010, 73: 9.

[31] Wang W. *Double win for China and Russia in oil & gas cooperation* [J]. China Oil & Gas, 2015 (02): 49 – 53.

[32] Guan B. *Potential of cooperation on oil & gas market in Northeast Asia* [J]. China Oil & Gas, 2015 (04): 23 – 28.

[33] Zhang S. *Oil and gas cooperation between China and Russia* [J]. SHS Web of Conferences, 2017, 34: 1012.

[34] Ezells, Ralph W, Jr. *The impact of the Sarbanes Oxley Act on auditing fees: An empirical study of the oil and gas industry* [D]. TUI University, 2011.

[35] Abudureyimu A, Qian H. *Clean energy development of Silk Road Economic Belt in Xinjiang* [J]. Applied Mechanics and Materials, 2014, 521: 846 – 849.

[36] Liedtke, Stephan. *Tagungsbericht zum Energy Security Summit 2015* [J]. Zeitschrift für Außen – und Sicherheitspolitik, 2015, 8 (03): 419 – 423.

［37］ Liu Y J, Ma L. *Impacts of low oil price on China and the world natural gas industry chain* ［J］. Natural Gas Industry B, 2016 （03）: 493 – 503.

［38］ Zheng Y H. *Evaluating China's oil Security and overseas oil investment* ［J］. American Journal of Industrial and Business Management, 2017 （02）: 959 – 972.

［39］ Shahrouz A, Almas H, Masoomeh R. *Energy security and competition over energy resources in Iran and Caucasus region* ［J］. AIMS Energy, 2017, 5 （02）: 224 – 238.

［40］ Hu B. *Oil and gas cooperation between China and Central Asia in an environment of political and resource competition* ［J］. Petroleum Science, 2014, 11 （04）: 596 – 605.

［41］ Lu R Q. *"One Belt, One Road": China and the "Oil Roads"* ［J］. China Oil & Gas, 2016, 23 （03）: 7 – 12.

［42］ Jin Z H, Jin M. *The potential of OBOR energy cooperation and its solution* ［J］. Advances in Intelligent Systems Research, 2017, 150: 247 – 252.

［43］ Liu H Q. *The security challenges of the "one belt, one road" initiative and China's choices* ［J］. Croatian International Relations Review, 2017 （78）: 129 – 147.

［44］ Yang C. *Belt and Road Initiative and transformation of international energy order* ［J］. China International Studies, 2017, （03）: 103 – 115.

［45］ Pei Z. *Risks and countermeasures of financial cooperation between China and nation along One Belt and One Road* ［J］. Management Science and Innovation, 2017 （05）: 545 – 550.

［46］ Duan F, Ji Q, Liu B Y, et al. *Energy investment risk assessment for nations along China's Belt & Road initiative* ［J］. Journal of Cleaner Production, 2018 （170）: 535 – 547.

［47］ Chen J, Wang N, Tang H, et al. *Impact of sustained low oil prices on China's oil & gas industry system and coping strategies* ［J］. Natural Gas Industry,

2016 (03): 181 – 186.

[48] 海尔."一带一路"的真实含义 [D]. 北京：对外经济贸易大学, 2016.

[49] Yang D, Zhong S, Li J C. *Analysis of China's international oil and gas cooperation environment under the Belt and Road Initiative* [J]. China Oil & Gas, 2017 (04): 17 – 23.

[50] Li L, Wang Z. *Belt and Road Initiative in the gulf region: progress and challenges* [J]. China International Studies, 2017 (05): 110 – 131.

[51] He P J, Tsan S N, Su B. *Energy – Economic recovery resilience with Input – Output linear programming models* [J]. Energy Economics, 2017, 68: 177 – 191.

[52] Wang Z. *Background and effects of deepening reform of the oil and gas industry system* [J]. China Oil & Gas, 2017, 24 (03): 11 – 16.

[53] Zhang X, Melebayev S. *Analysis of oil and gas cooperation between China and Russia in the Belt and Road* [J]. SHS Web of Conferences, 2017, 39: 1034.

[54] 漆多俊, 沈明宇. 国际石油合作模式演变及合作领域扩张 [J]. 河北法学, 2007, 25 (12). 46 – 50 + 55.

[55] 金联创. 2017 年俄罗斯蝉联中国最大原油供应国, 与沙特差距加大 [EB/OL]. 新浪网, 2018 – 01 – 31.

[56] 中石油海外最大天然气项目已向国内输气 617 亿立方米, 土库曼斯坦总统称之为"土国对外开放合作的典范" [EB/OL]. 网易财经, 2018 – 01 – 31.

[57] 中石油获得北阿扎德甘二期项目 [EB/OL]. 中华人民共和国商务部, 2015 – 05 – 06.

[58] KMG 将同中企合作建立合资公司 [EB/OL]. 中国石油天然气集团有限公司官网, 2016 – 07 – 08.

[59] 哈中石油成功收购萨克斯坦 PK 石油公司 [EB/OL]. 新浪网, 2005 – 10 – 28.

[60] 中俄签署"石油换贷款"协议 [EB/OL]. 网易新闻, 2009 – 04 – 22.

［61］韩澎乔."一路一带"建设背景下内蒙古与蒙古国合作研究［J］.现代商业，2015（21）：143-144.

［62］王绍媛.中、俄、蒙三国的油气合作［J］.东北亚论坛，2010，19（06）：36-41.

［63］道尔吉.蒙古国参与东北亚经济合作的一些问题［J］.东北亚研究，2011（03）：14-16.

［64］孟和格日乐.蒙中主要能源合作研究［D］.哈尔滨：哈尔滨工业大学，2016.

［65］王一斌.乌兹别克斯坦油气领域发展及与中国的合作［J］.中外企业家，2017（02）：10.

［66］*Research and Markets：Between* 2010 *and* 2019，*new report forecasts a decrease in Uzbek oil and gas liquids production of* 16.6%［J］.M2 Presswire，2010（04）：14.

［67］解亚娜.推进油气合作区建设，发挥综合一体化优势［N］.中国石油报，2017-12-19（01）.

［68］对外投资合作国别（地区）指南——乌兹别克斯坦（2017 年版）［EB/OL］.中国一带一路网，2017-12-29.

［69］Chen L. *China-Kazakhstan energy cooperation ushers in great opportunities-An interview with Timur Malikov，the director of the representative office to the PRC of the Samruk-Kazyna*［J］.China's Foreign Trade，2017（03）：31.

［70］Mark J K，Allan G P. *A review of the oil and gas sector in Kazakhstan*［J］.Energy Policy，2006，35（02）：1300-1314.

［71］江丽.中国（新疆）与哈萨克斯坦油气资源领域合作研究［D］.乌鲁木齐：新疆财经大学，2015.

［72］戴雄军，杨智刚，白翔，等.塔吉克斯坦油气资源分析及政策规划［J］.新疆石油科技，2017，27（02）：72-74.

［73］龙涛，于汶加，邢佳韵，等.中国在塔吉克斯坦资源产业开发布局分析［J］.中国矿业，2016，25（07）：50-57.

［74］"高山之国"的能源梦［EB/OL］. 中国石油天然气集团有限公司，2015 – 04 – 02.

［75］Wang L. *Central Asian – Sino cooperation to be intensified in energy* ［J］. China's Foreign Trade, 2014 (05)：20 – 21.

［76］对外投资合作国别（地区）指南——吉尔吉斯斯坦（2017 年版）［EB/OL］. 中国一带一路网，2017 – 12 –29.

［77］谈谈. 中亚山国——吉尔吉斯斯坦"一带一路"上的产油国之五［J］. 石油知识，2017（05）：60 –61.

［78］徐士鹏，吴洲，来小军. 等. 土库曼斯坦油田资源及发展规划剖析［J］. 新疆石油科技，2017, 27（02）：68 –71.

［79］王宜林. 拜会土库曼斯坦总统别尔德穆哈梅多夫［J］. 中国石油企业，2016（07）：8.

［80］李莉. 中印关系走向成熟及其原因探析［J］. 现代国际关系，2013（03）：49 –55.

［81］Huang L. *A study of China – India cooperation in renewable energy field* ［J］. ScienceDirect, 2007：1739 –1757.

［82］余功铭，王轶君，钟文新. 印度油气工业现状及发展趋势［J］. 国际石油经济，2014, 22（11）：14 –20.

［83］程果. 印度能源外交研究［D］. 石家庄：河北师范大学，2008.

［84］李涵. 印度油气产业将迎来"大跃进"［N］. 中国石化报，2016 – 03 –25（05）.

［85］陈继东，周任. 能源合作——中印缅孟加强四方关系的纽带［J］. 南亚研究季刊，2006（01）：8 –13 +4.

［86］余功铭，王轶君. 中印油气合作现状、潜力及趋势［J］. 国际经济合作，2018（07）：51 –55.

［87］对外投资合作国别（地区）指南——孟加拉（2017 年版）［EB/OL］. 中国一带一路网，2017 – 12 –28.

［88］骆宗强，刘铁树，袭著纲. 孟加拉国孟加拉盆地油气勘探潜力分析

[J]. 海外石油勘探, 2012 (02): 67 - 73 + 90.

[89] 中华人民共和国商务部. 中石油管道局将签署单点系泊项目协议 [EB/OL]. 中华人民共和国商务部, 2015 - 03 - 18.

[90] 对外投资合作国别（地区）指南——巴基斯坦（2017 年版）[EB/OL]. 中国一带一路网, 2017 - 12 - 28.

[91] 殷永林. 巴基斯坦能源短缺对经济发展的影响 [J]. 南亚研究季刊, 2016 (01): 66 - 72 + 5 - 6.

[92] 马特, 陈建荣. 阿富汗油气政策变化趋势及影响 [J]. 北京石油管理干部学院学报, 2013, 20 (05): 37 - 41.

[93] 代琤, 李洪玺. 阿富汗油气投资风险及应对策略 [J]. 国际经济合作, 2017 (02): 82 - 87.

[94] 中石油获得阿富汗阿姆达利亚油田开采权 [EB/OL]. 中华人民共和国商务部, 2011 - 11 - 21.

[95] 周方冶. "一带一路" 建设与中泰战略合作: 机遇、挑战与建议 [J]. 南洋问题研究, 2016 (04): 67 - 78.

[96] 朱香美, 杨青. 中泰石油贸易发展现状及对策分析 [J]. 对外贸易, 2011 (15): 71.

[97] 董旭霞. 从中国石油泰国项目看丝绸之路经济带建设 [EB/OL]. 国际石油网, 2015 - 04 - 17.

[98] 世界 500 强 ptt 布局中国标杆工厂临沂启动 [EB/OL]. 中国润滑油信息网, 2016 - 05 - 15.

[99] 中国石化在泰国首个天然气管道项目交付 [EB/OL]. 中国石油天然气集团有限公司, 2017 - 03 - 24.

[100] 对外投资合作国别（地区）指南——新加坡（2017 年版）[EB/OL]. 中国一带一路网, 2017 - 12 - 29.

[101] 侯丽军. 中国石化润滑油立足于新加坡服务 "一带一路" [N]. 中国石化报, 2017 - 05 - 05 (01).

[102] 对外投资合作国别（地区）指南——马来西亚（2017 年版）

［EB/OL］. 中国一带一路网，2017 - 12 - 28.

［103］张明亮. 中国—东盟能源合作：以油气为例［J］. 世界经济与政治论坛，2006（02）：70 - 75.

［104］对外投资合作国别指南——缅甸（2017 年版）［EB/OL］. 中国一带一路网，2017 - 12 - 28.

［105］李晨阳. 中国与东盟的能源合作［J］. 世界知识，2006（08）：28.

［106］Song L. *China - Myanmar energy pipelines important for their geo - strategic position*［J］. China Oil & Gas, 2013, 20（02）：11 - 13.

［107］迟愚，安娜，王海涛，等. 缅甸油气勘探开发潜力及对外合作前景［J］. 国际石油经济，2014，22（11）：11 - 13.

［108］王楠，李瑾，吴家萍，等. 中国—东盟油气合作历程与展望［J］. 国土资源情报，2016（11）：33 - 59 + 56.

［109］图解中国央企"一带一路"重点油气合作区域［EB/OL］. 中国石油天然气集团有限公司，2017 - 05 - 23.

［110］姚元园. 文莱油气产业发展现状与转型评析——基于石油公司竞争力的分析视角［J］. 东南亚纵横，2013（05）：36 - 40.

［111］卢新华. 论中国与东盟的能源合作［J］. 改革与战略，2007（12）：93 - 95.

［112］马博. 文莱"2035 宏愿"与"一带一路"的战略对接研究［J］. 南洋问题研究，2017（01）：62 - 73.

［113］吴俊强，陈长瑶，骆华松，等. 中国—东盟自由贸易区的能源安全问题与对策［J］. 世界地理研究，2014，23（02）：43 - 50.

［114］尹振茂. 再造"海上东盟"［J］. 中国石油石化，2006（22）：26 - 28.

［115］李黎明. 论中国和东盟的能源贸易与合作［J］. 时代经贸（下旬刊），2008（08）：58 - 61.

［116］外交部：中国和菲律宾可以搞一些油气资源共同开发［EB/OL］. 网易新闻，2017 - 05 - 24.

［117］闻武刚. 中国—印度尼西亚油气资源合作研究［J］. 东南亚纵

横, 2011 (07): 26 - 31.

[118] 罗佐县, 杨国丰, 卢雪梅, 等. 中国与东盟油气合作的现状及前景探析——兼论油气合作在共建海上丝绸之路中的地位 [J]. 西南石油大学学报 (社会科学版), 2015, 17 (01): 1 - 8.

[119] 章颖. 中国与东盟油气资源合作开发研究 [D]. 南宁: 广西大学, 2016.

[120] 张帅, 朱雄关. 东南亚油气资源开发现状及中国与东盟油气合作前景 [J]. 国际石油经济, 2017, 25 (07): 67 - 79.

[121] "一带一路"背景下中国与印度尼西亚贸易互补分析 [EB/OL]. 腾讯新闻, 2017 - 08 - 29.

[122] 阿卜杜拉·萨利赫·萨阿迪. 新中国与阿曼关系的历史与现状 [J]. 阿拉伯世界研究, 2012 (04): 56 - 72.

[123] 代琤, 李洪玺. 国际石油合作经营策略与风险控制研究——以阿曼5区为例 [J]. 西南石油大学学报 (社会科学版), 2015, 17 (04): 37 - 43.

[124] 赵亚博, 刘晓凤, 葛岳静. "一带一路"沿线国家油气资源分布格局及其与中国合作中的相互依赖关系 [J]. 地理研究, 2017, 36 (12): 2305 - 2320.

[125] 中国燃气携手阿曼国家石油9月引入中东气 [EB/OL]. 央视网经济频道, 2007 - 07 - 24.

[126] *Research and Markets. Oman oil and gas strategic analysis and outlook report* 2017—2025 [J]. Business Wire (English), 2017 (10): 15 - 24.

[127] 朱雄关. "一带一路"背景下中国与沿线国家能源合作问题研究 [D]. 昆明: 云南大学, 2016.

[128] 邓贤文, 尹茏菲, 朱磊, 等. 阿拉伯联合酋长国油气工业发展现状及前景展望 [C]. 采油工程文集, 2016 (3): 76 - 91, 99.

[129] 中华人民共和国和阿拉伯联合酋长国关于建立战略伙伴合作关系的联合声明 [N]. 大众日报, 2012 - 01 - 18 (02).

[130] 张剑, 尚艳丽, 定明明, 沈海东, 汪华. 中国石油与阿联酋油气合

作分析 [J]. 国际石油经济, 2018, 26 (08): 18 - 25.

[131] 高琳. 阿联酋油气资源潜力研究 [D]. 北京: 中国石油大学 (北京), 2016.

[132] 赵忆宁. 中企机遇: 多哈, 下一个迪拜 [N]. 21 世纪经济报道, 2015 - 07 - 24 (05).

[133] 孙依敏. "一带一路" 沿线油气合作进展与转变 [J]. 国际经济合作, 2017 (02): 42 - 45.

[134] 姜英梅. 卡塔尔经济发展战略与 "一带一路" 建设 [J]. 阿拉伯世界研究, 2016 (06): 35 - 47 + 117.

[135] 中华人民共和国和卡塔尔国关于建立战略伙伴关系的联合声明 (全文) [EB/OL]. 新华网, 2014 - 11 - 03.

[136] 王有勇. 中国与海湾六国的能源合作 [J]. 阿拉伯世界, 2005 (06): 32 - 38.

[137] 冯璐璐. 中国与科威特经贸关系发展战略研究 [J]. 国际经济合作, 2009 (12): 32 - 37.

[138] 仝菲. 科威特经济发展战略与 "一带一路" 的倡议 [J]. 阿拉伯世界研究, 2015 (06): 31 - 44.

[139] Tippee, Bob. *Kuwaiti political churn overshadowed by conflict nearby* [J]. Oil & Gas Journal, 2017, 115 (118): 26.

[140] 王洪一. 埃及油气开发的机遇与现实 [J]. 中国投资, 2017 (20): 20 - 21.

[141] 李大伟. 一带一路战略下中埃合作前景及对策建议 [J]. 中国投资, 2015 (09): 49 - 51, 10.

[142] 中石化收购美国阿帕奇石油公司埃及权益 [EB/OL]. (2013 - 11 - 27) http://www.chinairn.com/news/20131127/115455751.html.

[143] 杨兴礼, 冀开运, 陈俊华. 现代中国与伊朗关系 [M]. 北京: 时事出版社, 2012.

[144] Kerr, Sam. *Iran sanctions add pressure on reinsurers* [J]. Reactions,

2013：10.

［145］徐鑫．伊朗石油与中伊合作［J］．经济研究，2009（12）：55-56.

［146］徐中强．伊朗油气资源投资环境研究［D］．重庆：西南大学，2016.

［147］孙杜芬，尹秀玲，郑玥，等．伊拉克油气财税制度研究［J］．中国矿业，2014，23（S1）：24-27，93.

［148］郭鹏，韩涛．从对外合同的更迭看伊拉克石油合作政策的变化［J］．国际经济合作，2009（04）：64-68.

［149］Khazal A A. *Importance and development of the oil and gas industry in the Iraqi Kurdistan region*［J］. Institutional Design and Capacity to Enhance Effective Governance of Oil and Gas Wealth：The Case of Kurdistan Region，2017：105-127.

［150］Khazal A A. *Management of oil and gas resources in Iraqi - Kurdistan*［J］. Institutional Design and Capacity to Enhance Effective Governance of Oil and Gas Wealth：The Case of Kurdistan Region，2017：129-149.

［151］侯明扬．伊拉克原油增产计划面临的问题和前景［J］．国际石油经济，2017，25（10）：42-47.

［152］陈双庆．美欧制裁叙利亚油气产业及其影响［J］．国际资料信息，2011（09）：37-39.

［153］郝琦，侯明扬．2015年中东北非地区油气上游发展回顾与展望［J］．国际石油经济，2016，24（03）：78-83.

［154］对外投资合作国别（地区）指南——沙特阿拉伯［EB/OL］．中国一带一路网，2017-12-29.

［155］中国与沙特阿拉伯的石油合作［J］．西亚非洲，2006（9）：47-51.

［156］潘海滨，赵丽娅．沙特阿拉伯油气地质特征及资源现状［J］．海洋地质前沿，2017，33（06）：40-45.

［157］孙龙德．"一带一路"力促中俄油气全产业链合作［N］．中国能源报，2015-09-28（04）.

[158] 李振江．中俄原油管道二线工程全线贯通 [J]．中国石油和化工，2017（12）：50-51．

[159] 綦宇．多项合作协议密集落地，中俄油气合作潜力大 [EB/OL]．21世纪经济报道，2017-07-07．

[160] 2017"一带一路"先行项目进展迅速，新增项目密集开工 [EB/OL]．中国一带一路网，2018-01-30．

[161] 中俄原油管道二线工程正式投入运营 [EB/OL]．中国一带一路网，2018-01-02．

[162] 中俄亚马尔项目首条LNG生产线投产 [EB/OL]．中国一带一路网，2018-01-02．

[163] 帕里维兹．近20年以来中阿经贸关系浅析 [D]．北京：外交学院，2012．

[164] 中华人民共和国商务部网站 [EB/OL]．中华人民共和国商务部，2006-02-09．

[165] 史洺宇，易成高．阿塞拜疆油气输出线路之争 [J]．油气储运，2016，35（11）：1154-1158，1168．

[166] 谈谈，李娟娟．阿塞拜疆：镶嵌在丝路上的一颗明珠——"一带一路"上的产油国之二 [J]．产油国与石油组织，2017（02）：60-62．

[167] 郭霄鹏，张金锁，李德强，等．中国与中亚国家油气资源合作风险比较分析 [J]．西安科技大学学报，2018，38（05）：837-844．

[168] 郭霄鹏，薛俭．"一带一路"背景下我国油气资源国际合作安全风险分析 [J]．中国经贸导刊（理论版），2018（05）：12-15．

[169] 王桂玲．中国对蒙古国海外能源投资风险控制研究 [J]．政法学刊，2016（03）：43-47．

[170] 齐迹，肖欢容．"一带一路"视野下的中蒙关系 [J]．内蒙古科技与经济，2016（12）：3-5，25．

[171] Guo X P, Zhang J S, Xue J. A research on the gravity model of China's oil trade in the strategic context of "One Belt One Road" [J]. Journal of Econom-

ics and International Finance, 2017, 9 (10): 95 – 102.

［172］郭菁菁．涉蒙投资问题及建议［J］．内蒙古国金融研究，2013 (03)：32 – 34.

［173］霍银平．我国油田化学品开发现状及展望［J］．化学工程与装备，2016 (02)：165 – 166.

［174］张益山．探析新形势下油田化学品的环境影响［J］．化工管理，2015 (01)：148.

［175］国家信息中心"一带一路"大数据中心．"一带一路"大数据报告（2016）［R］．北京：商务印书馆，2016.

［176］*Transparency International. Corruption Perceptions Index 2017*［DB/OL］．透明国际，2018 – 02 – 21.

［177］国际安全研究开源大数据·国际安全态势感知指数（1995—2015年）［J］．国际安全研究，2016，34 (06)：151 – 158.

［178］东方信用．"一带一路"沿线国家主权信用分析报告（2016）［EB/OL］．搜狐网，2017 – 05 – 12.

［179］全球宏观经济数据——人均 GDP 年增长率［DB/OL］．2017．新浪财经．

［180］全球宏观经济数据——GDP 年增长率［DB/OL］．2017．新浪财经．

［181］全球宏观经济数据——按 CPI 计通胀年增率［DB/OL］．2017．新浪财经．

［182］世界银行．2018 年营商环境报告：改革以创造就业［EB/OL］．2018.

［183］外国直接投资净流入（占 GDP 的百分比）［DB/OL］．2017．世界银行．

［184］联合国开发计划署．2016 年人类发展报告——人类发展为人人［EB/OL］．

［185］Vision of Humanity. *Global Terrorism Index 2017*［DB/OL］．2017 – 11 – 18.

［186］Crime Index for Country 2018［DB/OL］．2018.

com/crime/rankings_by_country. jsp.

[187] The Global Competitiveness Report 2017—2018 [EB/OL].

[188] 王登瀛. 多目标决策方案优选的密切值法 [J]. 系统工程, 1989 (01): 33 - 35, 71 - 72.

[189] 王登瀛. 多目标决策方案优选的位分值法 [J]. 系统工程, 1990 (01): 45 - 48.

[190] 左军. "两两对比价值法" 的质疑与改进 [J]. 系统工程, 1988 (03): 66 - 72.

[191] 李占明. 多目标决策的效用函数方法 [J]. 系统工程, 1989 (05): 52 - 54, 72.

[192] 徐玖平. 多指标(属性)评价双基点优序法 [J]. 系统工程, 1992 (04): 39 - 44.

[193] 胡秦生, 郑春勇, 王惠卿. 模糊多目标系统实用最优决策法及应用 [J]. 系统工程理论与实践, 1996 (03): 1 - 6.

[194] Hwang C L, Yoon K P. *Multiple attribute decision making: methods and applications* [M]. New York: Springer - Verlag, Berlin, Heidelberg, 1981.

[195] 陈燕, 李桃迎. 数据挖掘与聚类分析 [M]. 大连: 大连海事大学出版社, 2012.

[196] Benzeci J P. *Correspondence Analysis Handbook* [M]. New York: Marcel Dekker, 1992.

[197] 郭霄鹏. 推动地方行业特色高校创建 "一流学科" [J]. 中国高等教育, 2017 (09): 36 - 38.

附录 1 中国与"一带一路"沿线国家油气资源合作风险评价指标

国家	政治风险						经济风险						社会安全风险			资源环境与技术风险		
	政治互信	清廉程度	双边文件	战争风险	政治稳定	金融实力	经济增长	经济波动	债务风险	通货膨胀	营商环境	贸易开放	人文发展	恐怖主义	社会治安	基础设施	油气储量	油气产量
蒙古国	8.5	38	8	0.005	53.8	40.8	-0.71	5.23	88.1	8.7	69.03	-37.2	0.735	0	62.56	3.1	8.31	0.1
哈萨克斯坦	8.5	29	8	-0.001	46.9	20.3	-0.44	2.29	23.7	6.44	75.44	12.4	0.794	2.95	49.15	4.2	36.57	1689.91
乌兹别克斯坦	8.5	21	6	-0.001	29.2	50.4	5.94	0.15	9.6	8.7	66.33	0.1	0.701	0.077	38.31	3.9	7.83	111.53
土库曼斯坦	7.0	22	5	-0.003	30.3	40.3	4.38	2.32	23.3	7.95	63.12	12.5	0.691	0	36.68	2.9	115.59	321.13
吉尔吉斯斯坦	7.5	28	6	-0.002	18.4	42	1.68	4.1	70.5	4.75	65.7	7.1	0.664	1.989	38.52	3	0.1	0.1
塔吉克斯坦	7.5	25	5	0.406	19.6	22.7	4.62	1.45	46.8	5.73	56.86	5	0.627	2.427	40.53	3.3	0.1	0.26
巴基斯坦	10.0	32	6	2.002	14.2	28	3.65	0.72	58.4	6.17	51.65	0.8	0.55	8.4	51.23	3	4.17	37.35
印度	5.5	40	7	0.993	60.6	53.7	5.88	1.89	52.1	7.48	60.76	2	0.624	7.534	44.16	4.2	12.58	880.84
孟加拉国	5.0	26	6	-0.003	17.5	40.6	5.96	0.43	26.3	6.99	40.99	0.9	0.579	6.181	68.52	4.2	0.03	24.75
阿富汗	7.5	15	3	1.999	4.80	20	-0.48	5.44	6.9	3.94	36.19	0.5	0.479	9.44	41.903	3	8.05	0.0013

续表

国家	政治风险					经济风险							社会安全风险			资源环境与技术风险		
	政治互信	清廉程度	双边文件	战争风险	政治稳定	金融实力	经济增长	经济波动	债务风险	通货膨胀	营商环境	贸易开放	人文发展	恐怖主义	社会治安	基础设施	油气储量	油气产量
印度尼西亚	8.5	37	6	-0.003	35.5	55.4	3.83	0.61	29.5	5.39	66.47	0.4	0.689	4.55	44.72	4.5	21.7	943.74
泰国	8.5	35	7	0.994	40.8	68.5	2.92	2.18	49.8	1.28	77.44	0.8	0.74	6.609	47.25	4.7	1.71	52.34
马来西亚	8.5	49	7	0.209	65.6	70.1	2.69	0.72	55.3	2.23	78.43	4.6	0.789	3.334	63.05	5.5	11.48	771.43
新加坡	9.0	84	7	-0.209	96.7	71.5	0.68	0.98	111.2	1.38	84.57	20.7	0.925	0	16.23	6.5	0	0
菲律宾	2.0	35	5	0.999	39.3	59.9	5.26	0.58	43.2	2.7	58.74	2.6	0.682	7.126	40.13	3.4	0.22	0.2
缅甸	9.0	28	4	0.999	10.3	41.2	5.53	0.89	29.8	6.04	44.21	5.2	0.556	4.956	42.95	5.8	3.45	17.01
文莱	2.0	58	5	0.005	92	42.8	-3.77	3.19	42.13	-0.02	70.6	-1.3	0.865	2.829	25.04	4.3	3.37	15.98
沙特阿拉伯	8.5	46	7	0.213	44.1	45	-0.52	1.21	57.9	2.95	62.5	1.2	0.847	5.808	36.69	5.2	80.39	12447.47
阿联酋	3	66	5	-0.009	81.6	51.1	1.75	1.19	63.6	1.98	78.73	2.6	0.84	0.211	18.75	6.3	137.88	4128.72
阿曼	0.5	45	2	0.005	62.2	45	-0.52	2.87	19.2	1.27	67.2	2.5	0.796	0	27.37	4.9	10	1035.86
伊朗	8.5	29	5	0.411	32.1	28.4	0.24	7.77	11.8	21.23	56.48	0.8	0.774	3.714	49.4	4.4	378.52	232.15
埃及	8.5	34	6	1.002	15.3	53.9	2.22	1.14	92.6	10.18	56.22	2.4	0.691	7.17	53.72	4.1	26.5	37.35
科威特	2.0	41	4	-0.580	46.9	58.9	-0.16	2.63	22.2	2.98	61.23	0.3	0.8	3.801	37.03	4.3	113.33	3166.39
伊拉克	3.5	17	3	1.580	6	26.3	7.76	6.72	75.9	1.08	44.87	0.1	0.649	10	43.34	4.3	177.31	4465.99
卡塔尔	4.0	61	6	-1.004	80.6	62.6	-1.28	1.77	57.6	2.57	64.86	0.5	0.856	0.115	15.7	5.8	426.27	2062.1
叙利亚	0.5	13	5	2.003	14	37.3	0.03	1.1	38.43	1.6	41.55	0.08	0.536	8.621	67.74	4.1	4.47	28.24
俄罗斯	9.5	29	9	0.998	30.5	25	-0.41	2.62	13.2	8.45	75.5	2.5	0.804	5.329	45.2	4.9	324.63	11748.51
阿塞拜疆	1.0	30	5	0.210	34	41.4	-4.22	3.44	39.5	3.25	70.19	11.9	0.759	1.153	30.52	4.5	14.23	841.75

附录 2　中国与中亚国家油气资源合作风险比较分析

引言

随着中国经济的稳步发展和工业化进程的不断推进，中国对石油、天然气等化石能源的需求日益增加，但由于资源有限，国内生产远远不能满足国家的需求，对进口油气资源的依赖度不断增加。[1]2016 年，中国石油对外依存度高达 65.4%，超越美国成为世界上最大的石油进口国；2016 年，中国进口天然气 745 亿立方米，对外依存度上升至 34.1%。[2]依托海外获取油气资源，是保障中国能源安全和经济社会持续发展的重要战略选择。油气资源合作是"一带一路"建设的重要内容，"一带一路"倡议能有效推动中国与沿线国家开展能源合作，为中国提供安全、可靠的油气进口来源。[3]地处陆上"丝绸之路经济带"沿线的乌兹别克斯坦、土库曼斯坦、哈萨克斯坦、吉尔吉斯斯坦和塔吉克斯坦五国，油气资源储量十分丰富，开发潜力巨大。[4]中亚地区同时与中国地理位置临近，交通运输便利，已成为中国能源安全体系的不可缺失的重要组成部分。[5]中国与中亚国家在油气资源合作方面建立了良好的基础，很多重要的能源项目顺利推进。[6]同时中亚五国油气资源分布不均衡，地处地缘政治敏感地带，经济发展水平不一，政策法律体系不健全，社会安全局势也存在诸多问题。[7]

国内外对于中国与中亚油气资源合作风险研究的文章与观点较多。Zhao Shurong 等[8]（2014）使用 SWOT 工具探讨了中国和中亚五国能源合作的优势、劣势、机会和威胁，强调由于大国博弈造成的地缘政治影响和多元化的移民、民族和宗教信仰造成的国内冲突是能源合作的主要风险。蒋焕[9]

（2014）认为中国的油气企业和中亚国家合作过程中面临的风险可以分为来自合作者的内生风险和外部因素变化导致的外生风险，内生风险包括信用、文化差异、能力、合同和安全方面的风险，外生风险包括政治、社会、经济风险、市场和自然方面的风险。吴绩新[10]（2014）主要从政治上的不确定性、俄罗斯和土耳其的地缘影响、恐怖主义三个方面分析了中国和西亚国家能源合作面临的风险。岳侠等[11]（2015）认为投资环境可以分为由营商便利度、融资环境、投资经营成本组成的商业要素以及由自然资源、政治环境、行政和法治环境、经济发展战略和鼓励投资产业策略组成的非商业要素，并且对中国和中亚国家的投资环境进行了比较分析。鲁东侯[12]（2015）认为基础设施、财税、地缘政治和其他国家的竞争等风险是中国与中亚国家开展油气资源合作的主要潜在风险。王海燕[13]（2016）提出由于中亚地区的经济风险上升、"丝绸之路经济带"与欧亚经济联盟在能源领域的对接前景不明朗、来自美日等国的能源博弈加剧等因素的叠加影响，中国与中亚国家的能源合作面临很多的挑战。刘腾飞[14]（2016）提出在新丝路框架下，中亚国家的投资环境风险与机遇并存，其投资风险主要包括地区政治力量的竞争风险、地区安全存在的不确定性和投资政策与法律体系不完善。再米娜·伊力哈木[15]（2017）认为，受到不同地缘政治、宗教、文化、资源和经济发展进程的影响，"丝绸之路经济带"建设在中亚主要面临政治、社会和经济投资三个层面的风险。陆兵[16]（2017）把中国企业走向中亚国家的市场风险分为宏观和微观两个层面，宏观层面包括政治、经济、金融、社会人文、法律和自然灾害风险，微观层面包括合同、经营、管理、技术、行业准入和语言交流风险。

从以上的分析可以看出，对于中亚地区油气资源合作风险的研究还仅限于定性分析阶段。本文将建立模糊层次分析模型，从量化的角度对中国与中亚五国的油气资源合作风险进行对比分析。

1 油气资源合作概况

随着"一带一路"倡议的深入实施，中国与中亚五国之间的关系已经全面提升为战略合作伙伴关系，双边油气资源合作稳步发展。基本情况如表 1 所示。

表 1　中国与中亚国家油气资源合作现状

国家	石油探明储量（亿吨）	石油产量（万吨）	天然气探明储量（亿立方米）	天然气产量（亿立方米）	和中国主要油气合作指标
哈萨克斯坦	39	7930	10000	199	向中国出口管道天然气 4 亿立方米；中国—中亚天然气管道 A、B、C 线；中哈原油管道
土库曼斯坦	1	1270	17500	668	向中国出口管道天然气 294 亿立方米；中国—中亚天然气管道 A、B、C 线
乌兹别克斯坦	1	260	11000	628	向中国出口管道天然气 43 亿立方米；中国—中亚天然气管道 A、B、C、D 线
塔吉克斯坦	1	5	57	不能自给，需要进口	中国—中亚天然气管道 D 线
吉尔吉斯斯坦	1	1	56	不能自给，需要进口	中国—中亚天然气管道 D 线

2　油气资源合作风险识别

中国与中亚五国油气资源合作风险包含的因素十分复杂，可以把这些风险概括为政治风险、经济风险、社会安全风险、资源及技术风险。[17~20]

2.1　政治风险

2.1.1　地缘政治风险

受苏联时期特殊地缘政治的作用，俄罗斯在中亚五国油气资源的产业发展中具有非常重要的影响，与五国关系都较为密切，是在中亚传统影响力最大的国家。但中亚各国目前的利益诉求是实现自主发展和大国地位,主要国家更倾向奉行大国平衡的外交政策,俄罗斯与中亚五国的关系并不是铁板一块。出于对能源的战略考量和地缘政治利益的诉求,美欧等也都希望在中亚地区维持一定的势力和影响力。与此同时,伊朗、土耳其、日本、韩国、印度等国近年来也开始逐渐在中亚地区发展自己的影响力。[21]

2.1.2 政权更迭风险

中亚地区在历史上是几大文明的汇合地,自独立以来,中亚五国政局稳定情况不一。土库曼斯坦政局较为稳定;哈萨克斯坦总统换届时政权能否平稳过渡是目前需要考虑的问题;塔吉克斯坦曾经爆发内战,但近年来反对派实力削弱,国内逐渐走向和平稳定;乌兹别克斯坦和吉尔吉斯斯坦反对派较为活跃;吉尔吉斯斯坦出现了两次非正常政权更迭,极大地影响了投资者的信心,但目前吉尔吉斯斯坦已经将稳定作为国家发展最重要的目标,在政局稳定性方面有所改善。

2.1.3 民族宗教冲突风险

中亚五国的主体民族基本上都与邻国互为跨界民族,中亚五国独立后,通过宪法把国体规定为单一的主体民族国家,赋予主体民族特殊地位和权益,把民族主体语言定为国语。各国推行的"主体民族化政策"导致民族主义情绪上升,诱发和加剧了主体民族与其他民族之间的矛盾和冲突,其中最典型的是吉乌两国的跨界民族矛盾。中亚的宗教分布状况比较复杂,虽然伊斯兰教占绝对主导地位,但不同国家世俗化程度和宗教氛围不同,各信教地区也存在不同教派的差异。

2.1.4 对华关系变化风险

中亚五国中除了土库曼斯坦,其余四国均加入了上海合作组织。在上海合作组织的框架内,中亚四国加强了与中国在政治、经济、军事、科技、能源等各个领域的互信和合作。土库曼斯坦在 1995 年被联合国承认为永久中立国,在国策上一直奉行中立政策。在资源合作方面,土库曼斯坦是中国在中亚地区最大的天然气进口国。中国近年来经济增长带来的对外国产品和服务的巨大需求,以及中国一贯奉行独立自主、不干涉他国内政的外交政策,使得中亚五国都和中国保持着友好的国家关系。

2.2　经济风险

2.2.1　经济发展稳定性风险

中亚五国的经济改革和发展均开始于独立之后，受苏联经济产业布局的影响，中亚五国国内经济基础普遍比较薄弱，结构较为单一，技术和高科技产业发展不足。近年来受经济危机及俄罗斯经济衰退的影响，中亚五国的国内生产总值（GDP）增速都出现了不同程度的下滑。土库曼斯坦和乌兹别克斯坦经济发展速度较快且比较稳定；吉尔吉斯斯坦和塔吉克斯坦的 GDP 增速波动较大，特别是吉尔吉斯斯坦的 GDP 下滑较快；哈萨克斯坦作为中亚五国经济发展水平最高的国家，虽然这几年经济发展增长的速度一直处于较低水平，但经济发展波动较小，相对比较稳定。哈萨克斯坦的 GDP 及人均 GDP 明显高于其他国家，已经属于中高收入水平国家，而吉尔吉斯斯坦和塔吉克斯坦经济发展水平明显较低，经济基础较差。

2.2.2　投资政策风险

哈萨克斯坦、吉尔吉斯斯坦、塔吉克斯坦、乌兹别克斯坦四国都对外国投资者采取积极鼓励的态度，通过加强对投资者的立法保护、增加优惠政策、简化纳税手续等措施使投资环境得到改善。哈萨克斯坦目前实行对优先发展行业的优惠政策，在矿产和油气资源勘探开发等领域对外资进入的限制则越来越严格。乌兹别克斯坦同样实行了对外资进入能源及重点矿产品开发等领域的限制政策，鼓励外资向农业、加工工业、基础设施及高新技术产业等领域发展。塔吉克斯坦也有类似的限制性规定，但目前外资企业在矿产资源勘探和开发领域仍有一定的发展空间。土库曼斯坦整体环境较为封闭，经济自由化和市场化程度不高，对外资进入的产业限制较多，但鼓励外资进入矿产资源开采和加工行业。吉尔吉斯斯坦目前没有针对外资的行业限制规定，但由于其自然资源禀赋相对其他国家来说并不占优势，因此外资进入油气资源领域的投资非常少。

2.2.3 法律风险

中亚五国法律制度均在不断完善中，国民法律意识也需进一步提高。立法之后，国家使用总统令等对法律条款进行修改，相关投资法律也时有更改，对投资者而言，法律变动有一定风险。此外，中亚五国的司法机关受政府领导人意志及上级机关影响，执法人员在执法过程中有一定主观性，这也给外资企业的经营和经贸合作带来一定的风险。

2.2.4 财税制度风险

土库曼斯坦以外的其他中亚四国均规定外国投资者在本国的货币可以自由兑换、合法利润可以自由汇出。但在实际操作过程中，外汇短缺等问题仍然存在，乌兹别克斯坦、吉尔吉斯斯坦和塔吉克斯坦外汇兑换及利润汇出往往会比较困难，而土库曼斯坦的外汇管制则更为严格。中亚五国的证券市场规模较小，增加了资金的获得难度。在税收政策方面，乌兹别克斯坦给予外国合资合作油气企业进口自用机械设备免税、开采天然气免除 7 年所得税等优惠政策；而哈萨克斯坦的石油企业承担的税负较重。

2.2.5 基础设施建设风险

中亚地区的电力、交通、通信等基础设施多为苏联时期修建的，由于经济发展水平限制，中亚国家普遍在基础设施建设维护方面投入不足。除哈萨克斯坦以外，其他四国基础设施条件都较差，普遍存在交通不便、道路老化、电力供应不足且成本较高等问题。由于国家间矛盾冲突时有发生，整个中亚地区在道路联通和电力供应等方面的情况也不尽如人意，经常出现两国关系紧张而导致跨境铁路封闭、电力供应停止等事件，这些都给企业经营带来一定的风险。

2.3 社会安全风险

2.3.1 三股势力的威胁风险

三股势力是指宗教极端势力、民族分裂势力和国际恐怖势力。中亚地处中东宗教极端主义向东亚、东南亚的传播路线上，又与阿富汗相邻，美军撤离后宗教极端组织对中亚的威胁不容乐观。中东北非地区"阿拉伯之春"以来，中亚地区宗教极端势力、民族分裂势力趁乱再度强势爆发，加紧向政坛渗透，并与中东地区的恐怖主义紧密关联。"乌伊运"是中亚地区最具威胁的恐怖组织，与"基地"组织相勾结，意在网罗地区内极端势力组建泛中亚恐怖网，对中亚地区安全局势构成严重威胁。

2.3.2　社会治安风险

中亚各国市场化改革不彻底，国家对能源高度垄断，局势的不稳定和经济水平的下滑导致犯罪率逐步上升，威胁着包括中国劳务人员在内的外国务工人员的生命财产安全。中亚地区的社会治安环境也深受以阿富汗为中心的毒品犯罪的危害。贪污腐败、权力寻租、经济犯罪和各党派之间的斗争进一步增加了中国与中亚国家的经济贸易等的合作成本，不利于双方油气资源合作的深入开展。

2.3.3　边界争端风险

因之前的民族政策和行政划界造成的边界争端长期存在，中亚各国边界领土争端时有发生，吉乌、吉塔、塔乌之间边界时有摩擦，边境地区不时处于半封闭状态。目前，吉乌有 55 块争议区 371 千米边界未定，吉塔 70 余个争议区近 452 千米边界未定；塔乌、哈乌边界问题也未解决。[22] 某些自然资源的分布不均及边界争端也影响五国间的关系，如跨界河流的开发利用，这些都给中国与中亚五国的油气资源合作带来了安全风险隐患。

2.4　资源及技术风险

2.4.1　油气储量及勘探风险

中亚五国虽然油气资源丰富，但是该区域地质条件比较复杂，而苏联的解体又大大削弱了各国的勘探开发能力，使得勘探开发难度进一步增大。尤其是塔吉克斯坦虽然蕴含大量油气资源储量却无法得到有效开发，主要原因是油气资源埋藏较深，多为 7000 米以下。

2.4.2　油气开发技术风险

在中亚地区某些区块具有较大的油气储量，但只有在先进技术条件下才能实现开采。较高的技术条件必然要求更大的投资规模，这在某种程度上加大了投资风险。

3 合作风险指标体系构建

3.1 确定一级及二级指标

在对合作风险评价的过程中,仅仅确定一级指标是不够的,每个一级指标后面还要确定更为细化的二级指标,本文在借鉴国内外相关研究成果和5位研究中亚政治、经济、军事、文化等方面的专家意见的基础上,最终确定4个一级指标和14个二级指标来构建中国与中亚国家油气资源合作风险评价指标体系。

利用模糊层次分析法确定中国与中亚国家油气资源合作风险指标权重,首先要建立递阶层次结构,文中的递阶层次结构主要包括目标层、准则层、子准则层和方案层。目标层为中国与中亚国家油气资源合作风险,准则层为4个一级指标,即政治风险、经济风险、社会安全风险和资源及技术风险。在一级指标下分别设置了若干个二级指标,构成了子准则层。具体情况如图1所示。

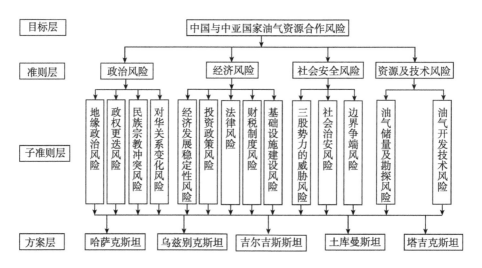

图1 中国与中亚国家油气资源合作风险层次结构

3.2 确定指标权重系数

3.2.1 确定一级指标权重系数

（1）构建判断矩阵。根据 5 位专家的意见，主要参考表 2 的 1~9 标度构建一级指标两两比较的判断矩阵，对 5 个判断矩阵分别求解综合后得出一级指标的权重。

表 2 1~9 标度表

标度（b_{ij}）	定义
1	B_i 与 B_j 同等重要
3	B_i 与 B_j 略重要
5	B_i 与 B_j 较重要
7	B_i 与 B_j 非常重要
9	B_i 与 B_j 绝对重要
2，4，6，8	为以上两判断之间的中间状态对应的标度值

注：B_i 与 B_j 比较判断得 b_{ij}，则 B_j 与 B_i 比较判断得 $b_{ji}=1/b_{ij}$。

就其合作风险而言，5 位专家构建的一级指标判断矩阵分别为：

$$M_1 = \begin{bmatrix} 1 & 3 & 5 & 2 \\ \frac{1}{3} & 1 & 2 & \frac{1}{2} \\ \frac{1}{5} & \frac{1}{2} & 1 & \frac{1}{3} \\ \frac{1}{2} & 2 & 3 & 1 \end{bmatrix} \quad M_2 = \begin{bmatrix} 1 & 2 & 4 & 3 \\ \frac{1}{2} & 1 & 2 & \frac{1}{2} \\ \frac{1}{4} & \frac{1}{2} & 1 & \frac{1}{3} \\ \frac{1}{3} & 2 & 3 & 1 \end{bmatrix} \quad M_3 = \begin{bmatrix} 1 & 2 & 4 & 2 \\ \frac{1}{2} & 1 & 2 & 1 \\ \frac{1}{4} & \frac{1}{2} & 1 & \frac{1}{2} \\ \frac{1}{2} & 1 & 2 & 1 \end{bmatrix}$$

$$M_4 = \begin{bmatrix} 1 & 3 & 4 & 2 \\ \dfrac{1}{3} & 1 & 3 & 2 \\ \dfrac{1}{4} & \dfrac{1}{3} & 1 & \dfrac{1}{2} \\ \dfrac{1}{2} & \dfrac{1}{2} & 2 & 1 \end{bmatrix} \qquad M_5 = \begin{bmatrix} 1 & 2 & 4 & 2 \\ \dfrac{1}{2} & 1 & 2 & 1 \\ \dfrac{1}{4} & \dfrac{1}{2} & 1 & \dfrac{1}{2} \\ \dfrac{1}{2} & 1 & 2 & 1 \end{bmatrix}$$

（2）对判断矩阵 M 进行求解，确定各子目标的权重，并进行一致性检查，完成判断矩阵的合理性判定。如果一致性检查不合格，则重复以上步骤。

一致性指标的定义是

$$CI = \frac{\lambda_{max} - n}{n - 1}$$

其中，λ_{max} 是判断矩阵 M 最大特征根。

为了便于检验，AHP 设计了平均随机一致性指标对照表，如表 3 所示。

表 3　平均随机一致性指标对照表

阶数 n	2	3	4	5	6	7	8	9	10	11	12
RI	0	0.52	0.89	1.12	1.26	1.36	1.41	1.46	1.49	1.51	1.54

根据判断矩阵的阶数 n，查表得出一致性指标 RI 值后，计算判断矩阵的一致性：$CR = \dfrac{CI}{RI}$。当 CR < 0.1 时，一般认为判断矩阵的一致性可以接受。如果一致性检验结果不令人满意，就应该检验判断矩阵各元素之间的关系有无不恰当之处，并适当加以调整，直到具有满意的一致性为止。依据以上的计算方法，可以得出每个一级指标判断矩阵最大特征值所对应的特征向量分别是：

$W_{M1} = \begin{bmatrix} 0.483 & 0.157 & 0.088 & 0.272 \end{bmatrix}$；$\lambda_{max} = 4.016$；CI = 0.05；
CR = 0.06

$W_{M2} = \begin{bmatrix} 0.471 & 0.179 & 0.096 & 0.254 \end{bmatrix}$；$\lambda_{max} = 4.124$；CI = 0.041；
CR = 0.047

$$W_{M3} = \begin{bmatrix} 0.444 & 0.222 & 0.111 & 0.223 \end{bmatrix} ; \lambda_{\max} = 4.002 ; CI = 0.0007 ;$$
$$CR = 0.0008$$

$$W_{M4} = \begin{bmatrix} 0.471 & 0.253 & 0.096 & 0.180 \end{bmatrix} ; \lambda_{\max} = 4.123 ; CI = 0.041 ;$$
$$CR = 0.046$$

$$W_{M5} = \begin{bmatrix} 0.444 & 0.222 & 0.111 & 0.223 \end{bmatrix} ; \lambda_{\max} = 4.002 ; CI = 0.0007 ;$$
$$CR = 0.0008$$

对权重向量 W_{M1}，W_{M2}，W_{M3}，W_{M4}，W_{M5} 综合，取算术平均值，并且只保留 2 位小数，可得各个一级指标权重向量： $A = \begin{bmatrix} 0.46 & 0.21 & 0.10 & 0.23 \end{bmatrix}$，即一级风险指标对应的权重分别为 0.46，0.21，0.10，0.23。

3.2.2　确定二级指标权重系数

原理与上面的分析相同，由 5 位专家分别对一级指标下的二级指标构建判断矩阵，在对判断矩阵进行综合计算后得出各二级指标的权重。以一级指标"政治风险"为例，其二级指标（地缘政治风险、政权更迭风险、民族宗教冲突风险、对华关系变化风险）的判断矩阵分别为：

$$N_1 = \begin{bmatrix} 1 & \frac{1}{2} & 3 & \frac{1}{3} \\ 2 & 1 & 2 & \frac{1}{2} \\ \frac{1}{3} & \frac{1}{2} & 1 & \frac{1}{3} \\ 3 & 2 & 3 & 1 \end{bmatrix} \quad N_2 = \begin{bmatrix} 1 & 2 & 2 & \frac{1}{2} \\ \frac{1}{2} & 1 & 2 & 1 \\ \frac{1}{2} & \frac{1}{2} & 1 & \frac{1}{2} \\ 2 & 1 & 2 & 1 \end{bmatrix} \quad N_3 = \begin{bmatrix} 1 & \frac{1}{2} & 2 & \frac{1}{3} \\ 2 & 1 & 2 & \frac{1}{2} \\ \frac{1}{2} & \frac{1}{2} & 1 & \frac{1}{2} \\ 3 & 2 & 2 & 1 \end{bmatrix}$$

$$N_4 = \begin{bmatrix} 1 & \frac{1}{2} & 2 & \frac{1}{2} \\ 2 & 1 & 3 & \frac{1}{2} \\ \frac{1}{2} & \frac{1}{3} & 1 & \frac{1}{3} \\ 2 & 2 & 3 & 1 \end{bmatrix} \quad N_5 = \begin{bmatrix} 1 & \frac{1}{2} & 3 & \frac{1}{2} \\ 2 & 1 & 3 & 1 \\ \frac{1}{3} & \frac{1}{3} & 1 & \frac{1}{3} \\ 2 & 1 & 3 & 1 \end{bmatrix}$$

同理可以得出每个二级指标（地缘政治风险、政权更迭风险、民族宗教冲突风险、对华关系变化风险）判断矩阵最大特征值所对应的特征向量分别是：

$$W_{N1} = \begin{bmatrix} 0.211 & 0.251 & 0.102 & 0.436 \end{bmatrix}; \lambda_{max} = 4.151; CI = 0.05;$$
$$CR = 0.056$$

$$W_{N2} = \begin{bmatrix} 0.283 & 0.238 & 0.142 & 0.337 \end{bmatrix}; \lambda_{max} = 4.183; CI = 0.061;$$
$$CR = 0.069$$

$$W_{N3} = \begin{bmatrix} 0.176 & 0.275 & 0.116 & 0.433 \end{bmatrix}; \lambda_{max} = 4.167; CI = 0.056;$$
$$CR = 0.063$$

$$W_{N4} = \begin{bmatrix} 0.187 & 0.292 & 0.108 & 0.413 \end{bmatrix}; \lambda_{max} = 4.073; CI = 0.024;$$
$$CR = 0.027$$

$$W_{N5} = \begin{bmatrix} 0.231 & 0.337 & 0.095 & 0.337 \end{bmatrix}; \lambda_{max} = 4.060; CI = 0.02;$$
$$CR = 0.023$$

对权重向量 W_{N1}，W_{N2}，W_{N3}，W_{N4}，W_{N5} 综合，取算术平均值，并且只保留 2 位小数，可得一级指标"政治风险"下各个二级指标权重向量：$A_N = \begin{bmatrix} 0.22 & 0.28 & 0.11 & 0.39 \end{bmatrix}$，即二级风险指标对应的权重分别为 0.22，0.28，0.11，0.39。

以此类推，按照同样的计算方法，分别计算出其余每个二级指标的权重。可得一级指标"经济风险"下各个二级指标权重向量：$A_G = \begin{bmatrix} 0.17 & 0.35 & 0.23 & 0.17 & 0.08 \end{bmatrix}$，即二级风险指标对应的权重分别为 0.17，0.35，0.23，0.17，0.08；可得一级指标"社会安全风险"下各个二级指标权重向量：$A_K = \begin{bmatrix} 0.52 & 0.28 & 0.20 \end{bmatrix}$，即二级风险指标对应的权重分别为 0.52，0.28，0.20；可得一级指标"资源及技术风险"下各个二级指标权重向量：$A_H = \begin{bmatrix} 0.63 & 0.37 \end{bmatrix}$，即二级风险指标对应的权重分别为 0.63，0.37。

4 合作风险评估

4.1 确定评语集合

根据专家意见，将中国与中亚国家油气资源合作风险评价等级标准划分

为"很高""高""中""低""很低",即评语集合为：$V = \{v_1, v_2, v_3,$
$v_4, v_5\} = \{很高风险，高风险，中风险，低风险，很低风险\}$。其中对于
这些等级风险的划分依据如表 4 所示。

表 4   风险等级划分依据

分值	等级	风险描述
1	很低	一旦发生造成的影响几乎不存在，通过简单的措施就能弥补。
2	低	一旦发生造成的影响程度较低，一般仅限于组织内部，通过一定手段很快能解决。
3	中	一旦发生将造成一定的影响，但影响面和影响程度不大。
4	高	一旦发生将产生较大的影响，在一定范围内给组织造成损害。
5	很高	一旦发生将产生非常严重的影响，造成重大损失，短期内难以补救。

4.2   多级模糊评价

由 5 位专家分别对乌兹别克斯坦、土库曼斯坦、哈萨克斯坦、吉尔吉斯
斯坦和塔吉克斯坦五国的风险等级进行打分，先计算出各个评价结果的权
重，再构建二级指标的主因素模糊矩阵。以乌兹别克斯坦为例，评价结果如
表 5 所示。

表 5   合作风险评价结果（以乌兹别克斯坦为例）

一级指标（权重）	二级指标（权重）	风险评价结果				
		很高	高	中	低	很低
政治风险（0.46）	地缘政治风险（0.22）	0	0.2	0.6	0.2	0
	政权更迭风险（0.28）	0.2	0.4	0.2	0.2	0
	民族宗教冲突风险（0.11）	0.2	0.6	0.2	0	0
	对华关系变化风险（0.39）	0	0.2	0.2	0.4	0.2

续表

一级指标 （权重）	二级指标 （权重）	风险评价结果				
		很高	高	中	低	很低
经济风险 （0.21）	经济发展稳定性风险（0.17）	0	0.2	0.6	0.2	0
	投资政策风险（0.35）	0.2	0.4	0.4	0	0
	法律风险（0.23）	0	0.2	0.6	0.2	0
	财税制度风险（0.17）	0.2	0.6	0.2	0	0
	基础设施建设风险（0.08）	0.2	0.2	0.4	0.2	0
社会安全风险 （0.1）	三股势力的威胁风险（0.52）	0	0.2	0.6	0.2	0
	社会治安风险（0.28）	0	0.2	0.6	0.2	0
	边界争端风险（0.20）	0.2	0.4	0.4	0	0
资源及技术风险 （0.23）	油气储量及勘探风险（0.63）	0	0	0.2	0.6	0.2
	油气开发技术风险（0.37）	0	0.2	0.4	0.4	0

由合作风险评价结果，可以得出乌兹别克斯坦风险二级指标的模糊矩阵：

$$R_1 = \begin{bmatrix} 0 & 0.2 & 0.6 & 0.2 & 0 \\ 0.2 & 0.4 & 0.2 & 0.2 & 0 \\ 0.2 & 0.6 & 0.2 & 0 & 0 \\ 0 & 0.2 & 0.2 & 0.4 & 0.2 \end{bmatrix}, R_2 = \begin{bmatrix} 0 & 0.2 & 0.6 & 0.2 & 0 \\ 0.2 & 0.4 & 0.4 & 0 & 0 \\ 0 & 0.2 & 0.6 & 0.2 & 0 \\ 0.2 & 0.6 & 0.2 & 0 & 0 \\ 0.2 & 0.2 & 0.4 & 0.2 & 0 \end{bmatrix},$$

$$R_3 = \begin{bmatrix} 0 & 0.2 & 0.6 & 0.2 & 0 \\ 0 & 0.2 & 0.6 & 0.2 & 0 \\ 0.2 & 0.4 & 0.4 & 0 & 0 \end{bmatrix}, R_4 = \begin{bmatrix} 0 & 0 & 0.2 & 0.6 & 0.2 \\ 0 & 0.2 & 0.4 & 0.4 & 0 \end{bmatrix}$$

根据模糊综合评判公式 $B_i = A_i \cdot R_i$，可以计算得出各个二级指标的评价结果：

$$B_{N1} = A_N \cdot R_1 = \begin{bmatrix} 0.22 & 0.28 & 0.11 & 0.39 \end{bmatrix} \cdot \begin{bmatrix} 0 & 0.2 & 0.6 & 0.2 & 0 \\ 0.2 & 0.4 & 0.2 & 0.2 & 0 \\ 0.2 & 0.6 & 0.2 & 0 & 0 \\ 0 & 0.2 & 0.2 & 0.4 & 0.2 \end{bmatrix}$$

$$= \begin{bmatrix} 0.078 & 0.3 & 0.288 & 0.262 & 0.078 \end{bmatrix}$$

同理可知：

$$B_{N2} = A_G \cdot R_2 = \begin{bmatrix} 0.12 & 0.338 & 0.446 & 0.096 & 0 \end{bmatrix},$$

$$B_{N3} = A_K \cdot R_3 = \begin{bmatrix} 0.04 & 0.24 & 0.56 & 0.16 & 0 \end{bmatrix},$$

$$B_{N4} = A_H \cdot R_4 = \begin{bmatrix} 0 & 0.074 & 0.274 & 0.526 & 0.126 \end{bmatrix}$$

由此可以得到二级指标的综合评价矩阵为：

$$R_{M乌} = \begin{bmatrix} 0.078 & 0.3 & 0.288 & 0.262 & 0.078 \\ 0.12 & 0.338 & 0.446 & 0.096 & 0 \\ 0.04 & 0.24 & 0.56 & 0.16 & 0 \\ 0 & 0.074 & 0.274 & 0.526 & 0.126 \end{bmatrix}$$

（同理可以求出其他四国的二级指标综合评价矩阵：$R_{M土}$，$R_{M哈}$，$R_{M吉}$，$R_{M塔}$，过程略。）

因此，中国与乌兹别克斯坦油气资源合作风险的模糊综合评价结果为：

$$B_{乌} = A \cdot R_{M乌}$$

$$= \begin{bmatrix} 0.46 & 0.21 & 0.10 & 0.23 \end{bmatrix} \cdot \begin{bmatrix} 0.078 & 0.3 & 0.288 & 0.262 & 0.078 \\ 0.12 & 0.338 & 0.446 & 0.096 & 0 \\ 0.04 & 0.24 & 0.56 & 0.16 & 0 \\ 0 & 0.074 & 0.274 & 0.526 & 0.126 \end{bmatrix}$$

$$= \begin{bmatrix} 0.065 & 0.25 & 0.345 & 0.278 & 0.065 \end{bmatrix}$$

根据同样的方法，依次求出中国与土库曼斯坦、中国与哈萨克斯坦、中国与吉尔吉斯斯坦、中国与塔吉克斯坦油气资源合作风险的模糊综合评价结果分别为：

$$B_{土} = A \cdot R_{M土} = \begin{bmatrix} 0.082 & 0.235 & 0.248 & 0.262 & 0.173 \end{bmatrix}$$

$$B_{哈} = A \cdot R_{M哈} = \begin{bmatrix} 0.002 & 0.134 & 0.272 & 0.263 & 0.311 \end{bmatrix}$$

$$B_{吉} = A \cdot R_{M吉} = \begin{bmatrix} 0.218 & 0.346 & 0.289 & 0.111 & 0.036 \end{bmatrix}$$

$$B_{塔} = A \cdot R_{M塔} = \begin{bmatrix} 0.275 & 0.200 & 0.271 & 0.194 & 0.060 \end{bmatrix}$$

5　结果与分析

根据最大隶属原则，可以综合得知，中国与乌兹别克斯坦油气资源合作风险水平为"中"；中国与土库曼斯坦油气资源合作风险水平为"低"；中国与哈萨克斯坦油气资源合作风险水平为"很低"；中国与吉尔吉斯斯坦油气资源合作风险水平为"高"；中国与塔吉克斯坦油气资源合作风险水平为"很高"。最终中国与中亚五国油气资源合作风险从高到低的依次排名为：塔吉克斯坦＞吉尔吉斯斯坦＞乌兹别克斯坦＞土库曼斯坦＞哈萨克斯坦。

因此，在中国与中亚五国开展油气资源合作的过程中需要政府和企业共同努力，积极应对可能出现的各种安全风险。在企业层面上，中国企业应在充分了解中亚各国油气资源勘探、开发、销售等产业环境、市场环境和相关政策的前提下，继续深入推进与中亚国家的油气资源合作，并积极主动地探索其他合作领域。在政府层面上，中国政府应深入实施"一带一路"倡议，积极利用现有合作机制与中亚国家携手共进、共同努力，进一步完善中国企业与中亚国家合作的制度环境、投资环境和保障环境，大力推进中国与中亚国家开展以油气资源合作为主的广泛的经贸合作。

（发表于《西安科技大学学报》2018 年第 5 期）

参考文献

［1］Gulinaer Y. *Oil and gas cooperation between China and Central Asia* ［J］. Advances in Social Science，Education and Humanities Research，2017，119：1261 – 1274.

［2］黄晓勇. 世界能源发展报告（2017）［M］. 北京：社会科学文献出

版社, 2017: 108, 214.

[3] 董秀成. "一带一路"倡议背景下中国油气国际合作的机遇、挑战与对策 [J]. 价格理论与实践, 2015, (4): 14 – 16.

[4] 国土资源部. "一带一路"沿线油气资源潜力大, 中国地质调查局为国际合作开发搭桥 [EB/OL]. 国土资源招标网, 2017 – 09 – 15.

[5] Gu Sui, Yu Xiaozhong. *Strategy of Xinjiang – Central Asia energy cooperation in Silk Road Economic Belt* [J]. China Oil & Gas, 2017 (4): 29 – 33.

[6] Li Haiqin. *Progress of energy cooperation between China and Central Asian Countries* [J]. China Oil & Gas, 2013 (3): 58 – 62.

[7] 张勤辉, "丝绸之路经济带"倡议下中国中亚油气产业合作研究 [D]. 成都: 西南石油大学, 2016.

[8] Zhao Shurong, Ye Lu. *On energy cooperation between China and Central Asia* [J]. 2014 International Conference on Public Administration (ICPA 10th), 2014, 1160 – 1165.

[9] 蒋焕. 中亚油气合作风险分析及对策 [J]. 石油化工技术与经济, 2014, 30 (2): 1 – 5.

[10] 吴绩新. 中国、中亚能源合作的风险评估 [J]. 绍兴文理学院学报, 2014, 34 (5): 112 – 116.

[11] 岳侠, 钱晓萍. 中亚五国投资环境比较研究: 中国的视角 [J]. 亚太经济, 2015 (2): 73 – 78.

[12] 鲁东侯. 中亚油气合作风险及应对 [J]. 中国石油石化, 2015, (19): 40 – 44.

[13] 王海燕. 中国与中亚地区能源合作的新进展与新挑战 [J]. 国际石油经济, 2016, 24 (07): 74 – 79.

[14] 刘腾飞. 新丝路框架下中亚投资环境与风险研究 [J]. 湖北第二师范学院学报, 2016, 33 (6): 56 – 59.

[15] 再米娜·伊力哈木. "丝绸之路经济带"建设在中亚面临的风险与挑战评析 [J]. 新疆师范大学学报 (哲学社会科学版), 2017, 38 (4):

123 – 129.

[16] 陆兵. 中国企业走向中亚市场的风险和防范措施 [J]. 新疆师范大学学报 (哲学社会科学版), 2017, 38 (4): 100 – 112.

[17] 邓秀杰. 中国与中亚国家油气合作的机遇与挑战研究 [D]. 北京: 中共中央党校, 2015.

[18] 李琰. 中亚四国投资环境比较研究 [D]. 大连: 东北财经大学, 2016.

[19] 侯红芳, 史恭龙. "一带一路" 倡议下的中亚油气合作研究 [J]. 信息化建设, 2015 (3): 211 – 213.

[20] Hu Bin. *Oil and gas cooperation between China and Central Asia in an environment of political and resource competition* [J]. Petroleum Science, 2014, 11 (4): 596 – 605.

[21] Cobanli, Onur. *Central Asian gas in Eurasian power game* [J]. Energy Policy, 2014 (68): 348 – 370.

[22] 蒋屹. "一带一路" 倡议背景下中国海外矿产资源开发外部安全风险研究 [D]. 北京: 中国地质大学, 2015.

附录3 "一带一路"背景下我国油气资源国际合作安全风险分析

引言

能源安全一直以来都是各国安全战略的重要组成部分，随着经济社会的进一步发展，我国油气资源供给形势日趋严峻和复杂多变，油气资源安全问题也日渐突出，已经严重影响和制约了我国经济的可持续发展。我国是油气资源消费大国，也是油气资源进口大国，"一带一路"倡议的实施进一步拓展了我国油气资源国际合作的空间和领域。围绕"一带一路"倡议研究我国油气资源国际合作安全问题，对促进我国能源安全，推动"一带一路"倡议的深入实施具有重要意义，亟待深入研究。

1 我国油气资源安全面临的问题

近年来，随着我国经济的快速发展和国际油气资源局势的急剧变化，我国油气资源安全问题日益严峻。我国油气资源安全面临的最主要问题是国内油气资源供应不足，经济社会发展受到油气资源的约束日益加剧，油气资源供需矛盾日益突出，油气资源对外依存度与日俱增。从图1可以看出，2011年至2016年，我国原油进口量一直呈上升趋势，2016年我国已超越美国成为全球第一大原油进口国。BP Statistical Review of World Energy 2017数据显示，2016年，我国原油消费量高达5.79亿吨，同比增长3.0%，净进口3.81亿吨；天然气消费量达到2040亿立方米，同比增长6.5%。据中国海关最新统计数字显示，2017年5月份我国原油进口量为3720万吨，1—5月为17631万吨，与去年同期相比增加13.1%；原油出口量为23万吨，1—5

月为 237 万吨，与去年同期相比增加 119.6%。

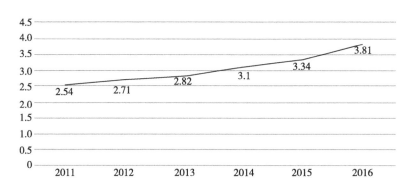

图 1 2011—2016 年我国原油进口量（亿吨）

数据来源：国家统计局《中国统计年鉴》。

运用国家统计局《中国统计年鉴》、中国社科院世界经济与政治研究所、BP Statistical Review of World Energy、World Energy China Outlook、IEA World Energy Outlook、EIA International Energy Outlook、OPEC World Oil Outlook 等有关我国 2005—2015 年石油产量和消费量的数据，依据其趋势特点进行回归计算，从表 1 和图 2 分析可以得出，2020—2040 年，我国石油产量呈缓慢增长趋势，年均增长率在 0.6%～1.3%，石油需求量继续呈快速增长态势，年均增长率在 1.1%～2.3%，石油需求增长明显大于生产增长，石油供不应求的局势今后 20 多年当中将持续存在。

表 1 有关机构对我国石油产量和需求量预测 单位：亿吨

预测机构	2020 年		2025 年		2030 年		2035 年		2040 年	
	产量	需求量	产量	需求量	产量	需求量	产量	需求量	产量	需求量
中国社科院世界经济与政治研究所	2.22	5.62	2.33	5.99	2.5	6.36	—	—	—	—
国际油气资源署（IEA）	2.19	6.23	1.99	6.87	1.84	7.32	1.74	7.52	1.69	7.62

续表

预测机构	2020 年		2025 年		2030 年		2035 年		2040 年	
	产量	需求量	产量	需求量	产量	需求量	产量	需求量	产量	需求量
美国油气资源部（EIA）	2.54	6.52	2.69	7.32	2.74	8.42	2.79	9.36	2.84	9.96
欧佩克（OPEC）	2.19	6.18	2.09	6.92	1.99	7.67	1.89	8.32	1.79	8.96

数据来源：根据 World Energy China Outlook 2014—2015，IEA World Energy Outlook2015，EIA International Energy Outlook2014，OPEC World Oil Outlook 2015 有关数据计算所得。

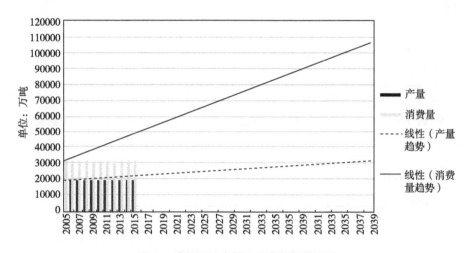

图 2　我国石油产量和消费量趋势预测

数据来源：国家统计局《中国统计年鉴（2016）》、BP Statistical Review of World Energy 2016。

运用国家统计局《中国统计年鉴》、中国社科院世界经济与政治研究所、World Energy China Outlook、IEA World Energy Outlook、BP Energy Outlook、BP Statistical Review of World Energy 等有关我国 2005—2015 年天然气产量和消费量的数据，依据其趋势特点进行回归计算，从表 2 和图 3 分析可以得出，2020—2040 年，我国天然气供需都将继续保持快速增长趋势，但增速将有所放缓，产量年均增长率将在 3.9% ～ 5.6%，消费量年均增长率将在

3.4%~6.8%，天然气产量已远远不能满足国内的消费需求，天然气需求缺口持续增大。

表 2　有关机构对我国天然气产量和消费量预测　单位：亿立方米

预测机构	2020 年		2025 年		2030 年		2035 年		2040 年	
	产量	需求量	产量	需求量	产量	需求量	产量	需求量	产量	需求量
中国社科院世界经济与政治研究所	2450	33918	3248	5178	3700	5934	—	—	—	—
国际油气资源署（IEA）	1720	3150	2120	4030	2600	4830	3090	5460	3560	5920
英国石油公司（BP）	1770	2578	2330	3581	3067	4976	4037	6915	—	—

数据来源：根据 World Energy China Outlook 2014—2015，IEA World Energy Outlook 2015，BP Energy Outlook 2035，BP Statistical Review of World Energy 2015 有关数据计算所得。

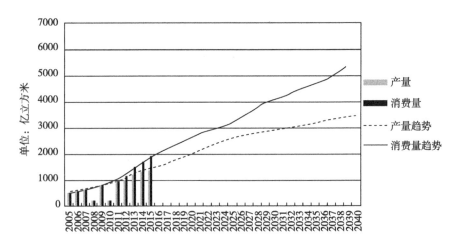

图 3　我国天然气产量和消费量趋势预测

数据来源：2005—2012 年数据来源于国家统计局《中国统计年鉴》，2013—2015 年数据来源于 BP Statistical Review of World Energy。

　　不管是从过去十多年我国油气资源供需状况来看，还是从上述对今后二十多年我国油气供需状况预测分析结果来看，我们都可以清楚地看到，我国油气资源供应不足、油气资源大量依赖进口的局面在今后相当长的一个时期内都不会改变，而且油气资源消费与生产的缺口还将持续增大，油气资源进口量也将持续增长。我国自1993年和2007年分别成为石油、天然气净进口国以来，石油和天然气的对外依存度逐年上升。我国原油对外依存度已由1996年的1.2%大幅上升至2016年的65.4%，天然气对外依存度也由2008年的2%快速上升到2016年的34%。随着我国经济的进一步发展，油气资源需求还将不断增加，据有关机构预测，在保持世界原油第一大进口国身份的同时，我国在未来5年内将很可能成为世界天然气第一大进口国。根据国家统计局《中国统计年鉴》、中石油经济技术研究院《国内外油气资源行业发展报告》、IEA World Energy Outlook 等提供的数据分析，可以预计在今后较长一个时期内我国石油、天然气对外依存度将持续攀升（如图4所示）。

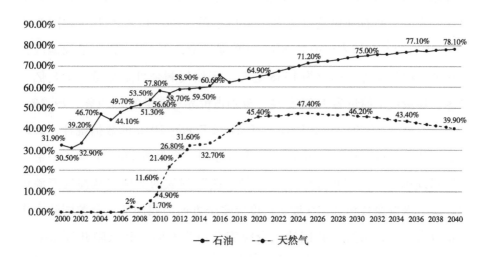

图4　我国石油和天然气对外依存度

　　数据来源：2000—2013年石油对外依存度和2007—2012年天然气对外依存度依据国家统计局《中国统计年鉴》数据计算所得，2013—2016年天然气对外依存度和2014—2016年石油对外依存度依据中石油经济技术研究院《国内外油气资源行业发展报告》计算所得，2020—2040年石油和天然气对外预存度依据 IEA World Energy Outlook 2015 数据测算所得。

2 "一带一路"倡议的实施为我国油气资源国际合作带来的机遇

"一带一路"倡议的实施为我国油气资源的国际合作提供了重要平台、开辟了重要途径。油气资源合作是"一带一路"倡议的重要组成部分，"一带一路"倡议为我国油气资源国际合作带来了广阔的战略视野和发展空间。"一带一路"沿线国家丰富的油气资源储量，巨大的油气资源生产出口能力，总体向好的油气资源出口前景，是补充我国未来油气资源需求缺口的重要来源。"一带一路"沿线国家富裕的油气资源与我国油气资源结构形成很强的互补。"一带一路"沿线国家地域辽阔，资源丰富，被称为"21世纪的战略油气资源和资源基地"，集中了俄罗斯、哈萨克斯坦、伊拉克、土库曼斯坦、伊朗、沙特阿拉伯、阿联酋、以色列等重要的油气资源储备和油气资源生产国，是世界公认的"油气资源富集区"，覆盖了全球五成以上的石油供给潜力和七成以上的天然气供给潜力（如图5所示）。中石油经济技术研究院2017年数据显示，"一带一路"沿线地区已探明的石油剩余可采储量为1338亿吨，天然气剩余可采储量为158亿立方米，煤炭可采储量为4462亿吨，分别占世界总储量的58.7%、79.4%、50.1%。根据BP Statistical Review of World Energy 2016的数据统计，2015年我国从国外进口的石油和天然气分别有81.7%和67.6%来自"一带一路"沿线国家（如图6所示）。"一带一路"倡议的实施将从油气资源供给来源、进口途径和合作深度、广度等多个方面为我国油气资源国际合作提供有力支撑，为解决我国油气资源安全面临的问题和风险开辟重要途径，使我国油气资源供给来源多元化、油气资源进口途径多样化、油气资源合作多边化。应以"一带一路"倡议的实施为契机，通过广泛的"互联互通"解决我国油气资源不足的问题，通过优化整合资源、培育外向型油气资源企业而壮大油气资源产业主体，通过扩大油气资源进出口而优化油气资源贸易结构，通过联接"一带一路"各国油气资源企业而形成合作共赢的网络。不断提升我国在全球油气资源产业价值链、油气资源资源供应链、油气资源品牌服务链中的地位,扩大我国油气资源战略资源和市场空间,形成我国油气资源国际合作的比较优势。

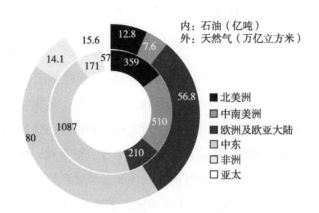

图5 全球石油与天然气探明储量分布图

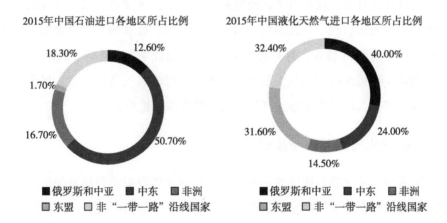

图6 2015 年我国从"一带一路"沿线国家和地区进口油气资源比例分布图

数据来源:石油数据来源《中国海关统计年鉴(2016)》,天然气数据来源 BP Statistical Review of World Energy 2016。

3 "一带一路"倡议背景下提升我国油气资源国际合作安全风险防范能力的策略

3.1 强化政府的保障能力

油气资源合作关系到我国与"一带一路"沿线国家的共同利益,应借助政府的顶层设计和沟通合作,构建多层次政府间的政策交流机制和联动机制,增强我国在世界油气资源市场的影响力和话语权,为深化我国与"一带一路"沿线国家的油气资源合作提供政策支持。积极参与全球油气资源治理及机构建设,促进我国油气资源供给平衡和油气价格平稳,保障我国油气资源贸易和投资安全;推动国际油气资源秩序和治理体系更加公正合理,为我国油气资源企业创造良好的国际合作环境,实现从油气资源供应国到通道国、再到消费国整个过程的油气资源安全。创新油气资源国际合作体制机制。通过建立科学的政府市场管控机制、公平的市场交易机制、合理的油气资源结构多元化机制、先进的技术创新保护机制、有效的油气资源安全风险等级及对应防范机制等,打好体制机制的"组合拳"。推动"天然气人民币"战略。建设国际天然气交易及定价中心,以天然气贸易充当人民币国际化平台,提高人民币在全球油气资源贸易结算中的地位。

3.2 加强油气资源外交及对外影响力

随着国际油气资源格局的不断变化及各国油气资源消费政策的进一步调整,全球油气资源领域的发展呈现出"合作"与"竞争"相互叠加的局面。油气资源国际合作安全风险防控是个系统工程,既要有"硬实力"的支撑,也要有"软实力"的提升。在推进我国与"一带一路"沿线国家油气资源国际合作的过程中,我们需要秉承"互学互鉴、互利共赢"的古丝绸之路精神,坚持"全方位深度合作、多领域共同发展"的原则,按照"和平合作、开放包容、互利贸易、长远持续"的理念,以政策沟通、设施联通、贸易畅通、资金融通、民心相通为主要内容,打造以我国为核心的油气资源多边合作格局和以我国为主的区域油气资源合作命运共同体、利益共同体、责任共同体，为推动"一带一路"沿线国家油气资源互联互通合作创造良好的国内和国际环境。

3.3 提升我国油气资源企业国际竞争力

油气资源企业是参与油气资源国际合作的主体，虽然近几年来我国油气资源企业的实力和国际影响力不断提升，但总体来看，当前，在油气资源领域，西方发达国家的油气资源企业在资金、技术、贸易、管理等方面的实力较我国占有优势。在"一带一路"倡议背景下，推进我国与"一带一路"沿线国家深入开展油气资源合作就成为国家和油气资源企业的战略选择，把国家行为和企业行为结合起来，进一步加强我国油气资源企业人才队伍建设和技术创新，建立起适用于海外发展的现代企业经营模式和管理体系，促进我国油气资源企业从"走出去"的初级阶段逐步向"走进去""走上去"的中高级阶段发展，通过国家和企业的共同努力，打造我国现代化的跨国油气资源企业，进一步提升我国油气资源企业的国际化经营能力和国际竞争力。

3.4 增强我国油气资源国际合作科技创新能力

科技创新支撑着油气资源国际合作的互联互通和人才交流，也是深化我国与"一带一路"沿线国家油气资源合作的桥梁纽带，应认真部署、统筹谋划、深入推进我国与"一带一路"沿线国家油气资源科技合作。"一带一路"沿线许多国家都将油气资源工业作为重点发展产业，但同时又存在着油气资源工业体系不健全以及人才、技术、设备缺口的困境，这为我国油气资源国际科技合作提供了输出高素质人才和高水平科技成果的良好机遇。我国办学历史久、实力较强的油气资源行业高校数量较多，例如，曾隶属于原国家石油工业部的石油院校有 9 所，这些高校在油气资源人才培养和科学研究方面积累了丰富的经验，聚集了一大批油气资源领域的专业技术人才和在国际上具有领先水平的专业技术。因此，应发挥我国油气资源领域的人才和技术优势，开展与"一带一路"沿线国家多渠道、多层次、多领域的科技合作。强化油气资源科技创新顶层设计，建立我国与"一带一路"沿线国家科技合作创新平台和长效机制，与"一带一路"沿线国家共同组建研究团队和技术创新联盟，联合开展技术攻关，着力增强我国在油气资源领域的自主创新能力，为推动我国与"一带一路"沿线国家油气资源合作提供科技支撑。

3.5 构建高效的多样化安保体系

"一带一路"沿线国家地缘政治比较复杂，在与其进行油气资源国际合作的过程中面临诸多不确定因素，应在遵守联合国公约和国际规则的基础上，创造性地利用现有国际政治经济规则，加强"一带一路"沿线国家油气资源开发安保国际合作，构建多样化的安保体系。一方面，按照市场经济规律，扶持海外商业安保企业发展。发挥油气资源合作区域属地自身安保力量，运用招募当地人员的方式组建海外保安公司，增强海外安保工作的针对性和实效性；组建海外安保行业利益保护机构和监管机构，出台相应的政策措施，促进海外商业安保企业积极"走出去"，有效服务境外油气资源企业安全；加强政府组织、科研院所、高等学校与海外安保企业的合作交流。另一方面，通过国营或合营等多种方式建立专业安保公司实体，加强国内安保企业建设，提升国内保安企业国际竞争力和自我防范能力。此外，应充分挖掘和利用国内民间安保公司的优势，发挥国内民间安保公司在油气资源国际合作中的作用，解决一些在油气资源国际合作中不宜以国家形式处理的安保问题。

3.6 推动军事力量走出去

随着国际制度和规范的不断建立和完善，军事力量海外运动方式发生了很多新变化，但在捍卫拓展本国利益的过程中仍然发挥着重要作用，"军事力量走出去"是大国利益拓展的重要模式，也是确保油气资源国际合作的战略需要。在与"一带一路"沿线国家进行油气资源国际合作中，要有效维护我国的利益，除积极地开展经济领域的合作和法理斗争外，还需要有军事力量的强大支撑，否则安全及合法权益的保障就会非常脆弱，很多国际问题上的主张也会显得无力，现实需要我国为油气资源国际合作安全拓展必要的军事力量。

（发表于《中国经贸导刊（理论版）》2018年第5期）

参考文献：

［1］黄晓勇．世界能源发展报告（2017）［R］．北京：社会科学文献出版社，2017.

［2］课题组．世界能源中国展望（2015—2016）［M］．北京：社会科学文献出版社，2016.

［3］李由．中国油气资源国际合作任重道远［EB/OL］．新华网，2016 - 08 - 01.

［4］国家发展改革委，外交部，商务部．推动共建丝绸之路经济带和21世纪海上丝绸之路的愿景与行动［EB/OL］．新华网，2015 - 03 - 28.

［5］齐正平．"一带一路"油气资源研究报告（2017）［EB/OL］．电力网，2017 - 05 - 16.

［6］袁家海，赵长红．"一带一路"绿色油气资源合作前景何在［EB/OL］．中国能源网，2017 - 07 - 19.

［7］花建．"一带一路"倡议与提升中国文化产业国际竞争力研究［J］．同济大学学报（社会科学版），2016（5）：30 - 39.

［8］蒋屹．"一带一路"倡议背景下中国海外矿产资源开发外部安全风险研究［D］．北京：中国地质大学，2015.

［9］国家油气资源局．推动"一带一路"油气资源合作愿景与行动［EB/OL］．中国煤炭网，2017 - 05 - 16.

［10］孙利国，孙玉萍．海外油气项目投资风险评估及业务拓展分析［J］．石油科技论坛，2016（5）.

［11］马汉．海权论［M］．欧阳瑾，译．北京：中国言实出版社，2016．

［12］麦金德．陆权论［M］．徐枫，译．北京：群言出版社，2015．

［13］高金瑞．中国与"一带一路"沿线国家油气资源合作研究［D］．保定：河北大学，2016．

［14］孙现朴．"一带一路"与大周边外交格局的重塑［J］．云南社会科学，2016（3）：1－6．

［15］刘万侠．用兵之法，全胜为上——世界大国"军事力量走出去"的历史思考［N］．解放军报，2017－04－06（07）．

后　记

积跬步以至千里，积小流方成江海。经过两年多的酝酿、准备和付出，这本书在我的博士论文的基础上，几经修改完善终于得以完成。今天这本书能够出版，首先要感谢的就是我的导师张金锁教授。感谢张老师在研究、写作的过程中给予我的悉心帮助和指导，本书写作的点点滴滴都浸透着张老师的心血。张老师在百忙之中授我以写作方法论，和我深入探讨中国与"一带一路"沿线国家油气资源合作问题，指导我学习如何梳理研究思路和撰写本书大纲。在他的指导下，我开辟了研究的新方向，确立了学术新目标，掌握了科学研究的新方法和新技术。在此，向张老师致以最崇高的敬意和最诚挚的感谢！

回顾我与张金锁教授多年交往的经历，张老师生活上品德高尚、厚德载物，工作上爱岗敬业、无私奉献，学术上勤奋努力、精益求精，不愧为"有理想信念、有道德情操、有扎实学识、有仁爱之心"的"四有"好老师。张老师的品行和学识，是我终身学习的榜样。

感谢上海理工大学赵来军教授、陕西科技大学李德强博士在本书写作过程中给予我的关心和帮助。特别要感谢赵来军教授和李德强博士帮助我选择和构建困扰我多时的数学模型，帮助我分析相关数据，并在本书写作过程中提出了诸多真知灼见。

感谢西安科技大学能源与经济管理研究中心为我提供了良好的学习条件和学习环境，感谢西安科技大学能源与经济管理研究中心各位老师的指导，更由衷地感谢各位老师给予我的关心、鼓励和支持！特别感谢同师门的各位同学，感谢大家在课题组讨论会中给予我的有益启示和在本书写作中对我的关心和帮助。

同时要感谢光明日报出版社以学术为重,将本书纳入出版计划。对光明日报出版社编辑黄莺等同志为本书编辑出版付出的辛勤劳动表示衷心感谢。

另外,还要感谢我的家人,家人的理解、支持、鼓励和包容是我前进的勇气和动力!正因有了家人的照顾与关怀,我才得以潜心学术,最终完成本书的撰写。

在本书的写作过程中,我曾遇到过许多难点和彷徨,也曾反复调整本书的构架,还曾为了翻译英文文献而彻夜难眠。所有的经历都将成为我人生的宝贵财富,定会在我日后的教学科研工作中大有裨益。

最后,再次向所有在本书写作过程中给予我帮助的老师、同学和朋友们致以最由衷的感谢!

郭霄鹏

2021 年 6 月